T0255888

BestMasters

Mit „BestMasters" zeichnet Springer die besten Masterarbeiten aus, die an renommierten Hochschulen in Deutschland, Österreich und der Schweiz entstanden sind. Die mit Höchstnote ausgezeichneten Arbeiten wurden durch Gutachter zur Veröffentlichung empfohlen und behandeln aktuelle Themen aus unterschiedlichen Fachgebieten der Naturwissenschaften, Psychologie, Technik und Wirtschaftswissenschaften. Die Reihe wendet sich an Praktiker und Wissenschaftler gleichermaßen und soll insbesondere auch Nachwuchswissenschaftlern Orientierung geben.

Springer awards "BestMasters" to the best master's theses which have been completed at renowned Universities in Germany, Austria, and Switzerland. The studies received highest marks and were recommended for publication by supervisors. They address current issues from various fields of research in natural sciences, psychology, technology, and economics. The series addresses practitioners as well as scientists and, in particular, offers guidance for early stage researchers.

Rune Krauss

Speichereffizienter Aufbau von binären Entscheidungsdiagrammen

 Springer Vieweg

Rune Krauss
Bremen, Deutschland

ISSN 2625-3577   ISSN 2625-3615   (electronic)
BestMasters
ISBN 978-3-658-43120-4   ISBN 978-3-658-43121-1   (eBook)
https://doi.org/10.1007/978-3-658-43121-1

Die Deutsche Nationalbibliothek verzeichnet diese Publikation in der Deutschen Nationalbibliografie; detaillierte bibliografische Daten sind im Internet über http://dnb.d-nb.de abrufbar.

Planung/Lektorat: Carina Reibold
Springer Vieweg ist ein Imprint der eingetragenen Gesellschaft Springer Fachmedien Wiesbaden GmbH und ist ein Teil von Springer Nature.
Die Anschrift der Gesellschaft ist: Abraham-Lincoln-Str. 46, 65189 Wiesbaden, Germany

Das Papier dieses Produkts ist recyclebar.

Vorwort

Die Komplexität von Hardwaresystemen hat in den letzten Jahren stark zugenommen. Schaltkreise mit mehreren Milliarden Transistoren, sog. *Very Large Scale Integration* (VLSI) Schaltungen, sind heutzutage in vielen technischen Geräten wie Smartphones vorhanden. Aufgrund der erhöhten Komplexität ist ein VLSI-Design nicht mehr ohne *Computer-Aided Design* (CAD) umsetzbar, sodass es ein fester Bestandteil jedes Hardwareentwurfs geworden ist, der als VLSI CAD bezeichnet wird. Um steigende Nutzeranforderungen zu befriedigen, müssen Algorithmen und Datenstrukturen der vorliegenden Werkzeuge im VLSI CAD kontinuierlich verbessert werden.

Anwendungen im VLSI CAD lassen sich durch Schaltfunktionen beschreiben, die von Datenstrukturen eindeutig repräsentiert warden können. Die Performanz hängt dabei von deren Kompaktheit und der Effizienz von Algorithmen ab. Somit sind Wahrheitstabellen bspw. für den Äquivalenzvergleich von Schaltungen impraktikabel, da sie stets eine exponentielle Größe aufweisen. Reduzierte geordnete binäre Entscheidungsdiagramme sind hingegen grundlegend geeignet, da sie Schaltfunktionen kompakt kodieren können und effiziente Algorithmen bereitstellen, um Schaltungen zu verarbeiten.

In der Praxis können Entscheidungsdiagramme jedoch Speichergrößen erreichen, sodass wichtige Tests wie die Prüfung auf Äquivalenz verlangsamt werden oder fehlschlagen. Ein essenzieller Grund dafür liegt in der hohen Anzahl an Zwischenergebnissen, die während der Verknüpfung solcher Diagramme entstehen.

Dieses Buch leistet einen signifikanten Beitrag zur Forschung im VLSI CAD. Das Buch basiert auf der Masterarbeit von Rune Krauss, die er als Student in der *Arbeitsgruppe Rechnerarchitektur* (AGRA) an der Universität Bremen geschrieben hat.

In seiner Arbeit wird die Verarbeitungsreihenfolge von Schaltungen untersucht und gezeigt, dass sie einen signifikanten Einfluss auf den Aufbau binärer
Entscheidungsdiagramme hat. Mithilfe von definierten Verarbeitungsreihenfolgen
werden exakte Größen von Entscheidungsdiagrammen und deren Wachstum für
Verknüpfungen bewiesen. Auf Basis von theoretischen Erkenntnissen wird die für
viele Anwendungen initiale Konstruktion von binären Entscheidungsdiagrammen
durch eine dazugehörige Implementierung experimentell untersucht und mit dem
Stand der Forschung verglichen.

Ich wünsche Ihnen viel Spaß bei der Lektüre dieses Buches.

Juni 2023   Prof. Dr. Rolf Drechsler
                                                         drechsler@uni-bremen.de

Inhaltsverzeichnis

Abkürzungsverzeichnis

ALU	Arithmetisch-logische Einheit
AST	Abstrakter Syntaxbaum
BDD	Binäres DD
BE	Boolescher Ausdruck
BFS	Breitensuche
BP	Branchingprogramm
CAD	Computer-Aided Design
CNF	Konjunktive NF
CPLD	Complex Programmable Logic Device
CT	Computed Table
DC	Don't Care
DD	Entscheidungsdiagramm
DFS	Tiefensuche
DNF	Disjunktive NF
FA	Volladdierer
FBDD	Freies BDD
FPGA	Field Programmable Gate Array
GC	Speicherbereinigung
HA	Halbaddierer
IC	Integrierte Schaltung
KCNF	Kanonische CNF
KDNF	Kanonische DNF
LSB	Niedrigstwertiges Bit
MBDD	Master BDD
MSB	Höchstwertiges Bit
MUX	Multiplexer

NF   Normalform
OBDD   Geordnetes BDD
OS   Betriebssystem
PI   Primärer Eingang
PLA   Programmierbares Logikarray
PO   Primärer Ausgang
RNF   Ringsummen-NF
ROBDD   Reduziertes OBDD
SAT   Erfüllbarkeitsproblem der Aussagenlogik
SBDD   Shared BDD
SK   Schaltkreis
TT   Wahrheitstabelle
UT   Unique Table
VLSI   Very Large Scale Integration

Abbildungsverzeichnis

Tabellenverzeichnis

Algorithmen

Listings

Einleitung

1

Im Jahr 1965 prognostizierte G. Moore [86], dass sich die Transistordichte für *integrierte Schaltungen* (ICs) jedes Jahr verdoppelt. 1975 hat sich die Verdopplung auf zwei Jahre ausgeweitet. Diese Beobachtung hat zwei wesentliche Konsequenzen für die Rechenleistung:

- Die Leistungsfähigkeit vervierfacht sich bei vielen Anwendungen alle zwei Jahre, da sich alle zwei Jahre doppelt so viele Transistoren auf jedem IC befinden und sich die dazugehörige Arbeitsgeschwindigkeit verdoppelt [73].
- Im Zuge der Miniaturisierung kann die gleiche Rechenleistung durch immer kleiner werdende Chips erbracht werden.

Komplexe digitale *Schaltkreise* (SKs) wie GPUs mit bis zu mehreren Milliarden Transistoren sind heutzutage in vielen technischen Geräten vorhanden und werden als *Very Large Scale Integration* (VLSI) Schaltungen bezeichnet. Die technologische Entwicklung hat derart zugenommen, dass mittlerweile eine Vielzahl an alltäglichen Aufgaben unserer Gesellschaft von Rechnersystemen übernommen worden sind oder durch diese unterstützt werden. Während anfangs CPUs primär in Rechenanlagen Anwendung gefunden haben, gibt es sie heute auch in u. a. Smartphones oder eingebetteten Systemen wie Kaffeevollautomaten. Allerdings gibt es auch Bereiche, in denen Menschenleben von der Funktionalität von SKs abhängen. Beispiele hierfür sind das Antiblockiersystem in Autos sowie das Monitoring in der Medizin.

Aufgrund der erhöhten Komplexität ist ein VLSI-Design nicht mehr ohne *Computer-Aided Design* (CAD) möglich [84], weshalb es ein fester Bestandteil jedes Chipentwurfsprozesses ist, der als VLSI CAD bezeichnet wird. Um – im Zuge des technischen Fortschritts – steigende Nutzeranforderungen zu befriedigen,

© Der/die Autor(en), exklusiv lizenziert an Springer Fachmedien Wiesbaden GmbH,
ein Teil von Springer Nature 2023
R. Krauss, *Speichereffizienter Aufbau von binären Entscheidungsdiagrammen*,
BestMasters, https://doi.org/10.1007/978-3-658-43121-1_1

ist es unumgänglich, durch stetige algorithmische Verbesserungen der vorliegenden Entwurfs-, Verifikations- sowie Testtools, die Güte des immer komplexer werdenden Hardware-Entwurfsablaufs [68] zu garantieren, der im Folgenden betrachtet wird.

1.1 Der Hardware-Entwurfsablauf

Wegen der Komplexität moderner Rechnersysteme ist der Hardware-Entwurfsablauf, d. h. das Umsetzen einer funktionalen Spezifikation spec in eine SK-Realisierung impl, in mehrere Ebenen unterteilt, bei der jede abstraktere Ebene in eine detailliertere Ebene umgewandelt (synthetisiert) wird [96]. Die Abbildung 1.1 zeigt in diesem Zusammenhang grob einen Hardware-Entwurfsablauf für *Field Programmable Gate Arrays* (FPGAs) [67]. Ausgehend von z. B. einem funktionalen Programm kann somit verhaltensorientiert unter Verwendung einer Hardwarebeschreibungssprache wie VHDL [39] der Signalfluss zwischen den Registern beschrieben werden. Durch u. a. boolesche Optimierungen wie Logikminimierungen innerhalb der *Logiksynthese* und eines *Technology Mappings* [54] in Abhängigkeit zur jeweiligen Zielarchitektur wird der SK textuell mit z. B. Gattern und Flipflops beschrieben. Unter Berücksichtigung geometrischer Eigenschaften wer-

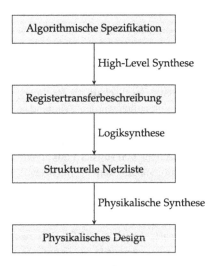

Abbildung 1.1 Der Hardware-Entwurf: eine Übersicht

den anschließend über *Place and Route* [30] Gatter, Speicherblöcke und Leitungen positioniert. Letztendlich resultiert ein IC, dessen Transistoren durch isolierende Schichten realisiert sind, wobei das Layout in z. B. GDSII [58] ausgedrückt werden kann.

Bei jeder Transition sind Fehler möglich, die z. B. durch misslungene Optimierungen seitens des Hardware-Designers oder durch eine fehlerbehaftete Logiksynthese resultieren [56]. Damit Fehler so früh wie möglich festgestellt werden können, sollte nach jeder Transition eine *Verifikation*, d. h. die Überprüfung der Übereinstimmung von spec und impl der jeweiligen Ebenen, erfolgen, um die Korrektheit des Entwurfs zu zeigen.

Letztendlich kann jedoch auch ein funktional korrektes Hardwaredesign aufgrund von z. B. physikalischen Defekten während der Fertigung zu einer fehlerhaften Schaltung führen. Um dieser Problematik entgegenzuwirken, gibt es Tests, die durch Testmustergenerierung und Testanwendung verantwortlich für die Qualität der produzierten Hardware sind, indem defekte Schaltungen aussortiert werden [38].

Viele Probleme beim VLSI CAD lassen sich durch boolesche Funktionen beschreiben, weil sie sich auf die Manipulation von binär kodierten Elementen und deren Beziehungen über endliche Grundmengen zurückführen lassen [84]. Die Performanz von CAD-Werkzeugen hängt dabei insbesondere von zwei Faktoren ab:

1. *Kompaktheit der Datenstrukturen* zur Repräsentation von booleschen Funktionen und

2. *Effizienz der Algorithmen* zur Manipulation der Darstellungen.

Hierbei ist ein *Entscheidungsdiagramm* (DD) bzw. *binäres DD* (BDD) von besonderem Interesse, da es sich sowohl zur Repräsentation von booleschen Funktionen als auch zur Manipulation dieser eignet [19].

1.2 Binäre Entscheidungsdiagramme (BDDs)

Im Jahr 1959 wurden BDDs von C. Lee [75] erstmals als Datenstruktur für boolesche Funktionen in Form eines *Branchingprogramms* (BP) vorgeschlagen. Im Jahr 1986 hat R. Bryant [17] gezeigt, dass typische Aufgaben für die Manipulation boolescher Funktionen wie der Äquivalenzvergleich effizient ausgeführt werden können, wenn bestimmte Restriktionen bez. der BDD-Struktur gefordert werden: 1. totale Variablenordnung und 2. Reduktion. Seitdem haben viele Forschungsergebnisse durch die Untersuchung von diversen Methoden wie etwa [36, 72, 118] in Bezug auf *geordnete BDDs* (OBDDs) bzw. *reduzierte OBDDs* (ROBDDs) zu Performanzsteigerungen auf den Gebieten *Synthese*, *Verifikation* und *Test* beigetragen. Mittlerweile gibt es bez. der Implementierung von ROBDDs einige Verbesserungen und Erweiterungen. Dazu zählen u. a. dynamische Datenstrukturen wie eine Knotentabelle, die *Unique Table* (UT), welche als Hashtabelle OBDDs automatisch reduziert und somit deren Kanonizität sicherstellt. Zudem gibt es für Operationen Caches, die *Computed Tables* (CTs), um redundante Berechnungen zu vermeiden. Nicht zuletzt ist eine automatische *Speicherbereinigung* (GC) zu nennen, um nicht mehr benötigte Knoten, resultierend während einer Synthese, d. h. wenn ROBDDs kombiniert werden, bei Bedarf aus den Hashtabellen zu entfernen. Zusammengefasst sind diese Konzepte in BDD-Paketen wie [12, 63, 88, 104] zu finden, die intern in vielen Softwareapplikationen wie *VIS* [14] und *ABC* [13] aus Berkeley z. B. für Logiksynthese und formale Verifikation eingesetzt werden.

Im Fall einer formalen Verifikation ist die Fragestellung, ob zwei SKs funktional äquivalent sind [24]. Um dies zu entscheiden, kann zunächst eine geeignete Variablenordnung bestimmt werden. Dann können triviale ROBDDs für die Eingabevariablen berechnet werden. Anschließend werden die SKs in topologischer Reihenfolge durchlaufen, wobei in jedem Gatter die jeweilige logische Operation auf den ROBDD-Darstellungen der vorherigen Gatter ausgeführt wird. Sind die aufgebauten ROBDDs gleich, so sind die SKs äquivalent.

Auch in Gebieten wie Logiksynthese und Test werden ROBDDs aufgebaut. So können ROBDDs z. B. dazu benutzt werden, um die Testbarkeit bereits in der Entwurfsphase zu beachten (*Design for Testability*), indem *Multiplexer* (MUXs) aus einem ROBDD mit dem Ziel synthetisiert werden, eine hohe Testbarkeit zu erreichen [37].

Obwohl ein ROBDD eine effiziente Datenstruktur für boolesche Funktionen ist, dessen Nutzung zu einer signifikanten Performanzsteigerung in vielen CAD-Werkzeugen geführt hat, gibt es bestehende Herausforderungen. Wie auch andere Repräsentationen für boolesche Funktionen wie *Normalformen* (NFs) [29] haben ROBDDs Nachteile. Zum einen besitzen fast alle booleschen Funktionen eine exponentielle Darstellungsgröße [50], die in der Anzahl innerer Knoten beziffert ist. Zum anderen ist die ROBDD-Größe vieler Funktionen von der gewählten Variablenordnung abhängig [35]. So wachsen ROBDDs für Addierfunktionen im Best Case linear, im Worst Case hingegen exponentiell in der Anzahl der Eingabebits. Ein Problem ist insbesondere ein großer Speicherbedarf für den ROBDD-Aufbau einiger komplexer Funktionen. Zwar wurden in den vergangenen Jahren Optimierungen für die Wahl einer „guten" Ordnung entwickelt und die ROBDD-Größen angegeben [65], jedoch nicht die tatsächlich benötigte Anzahl an Knoten zum Aufbau untersucht.

Das Ziel dieser Arbeit ist, die zu einem Endresultat führenden produzierten und in der UT abgelegten ROBDD-Knoten zu analysieren. Es sollen bestimmte Muster bzw. Regeln gefunden werden, um die Praktikabilität von ROBDDs in Anwendungen zu steigern und den Speicherbedarf für (zwischenzeitlich) zu synthetisierende Knoten entsprechend zu reduzieren. Da durch diese Reduktion mit einer erhöhten Wahrscheinlichkeit weniger rekursive Operationsaufrufe, Hashkollisionen, GC-Aufrufe und *Rehashings* auftreten, soll zudem positiv auf die für den Aufbau aufgewendete Zeit Einfluss ausgeübt und diese ebenfalls reduziert werden.

Um dieses Ziel zu erreichen, werden Ordnungen auf NFs und deren Bestandteile unter Beachtung der Variablenordnung und Gesetze der booleschen Algebra [97] definiert, um sie durch darauf basierende Anordnungen in bestimmten Reihenfolgen zu synthetisieren. NFs wie *disjunktive NFs* (DNFs) oder *konjunktive NFs* (CNFs) sind weit verbreitete Beschreibungen für boolesche Funktionen und kommen u. a. in *Complex Programmable Logic Devices* (CPLDs) zum Einsatz, die bspw. in ICs wie FPGAs als Konfigurationslogik eingesetzt werden [108]. Die entwickelten Methoden werden in einem BDD-Paket namens *Master BDD* (MBDD) realisiert, um eine Performanzevaluation durchzuführen. Dies ist u. a. dadurch motiviert, dass durch verschiedene Studien wie in [34, 120] gezeigt wurde, dass BDD-Pakete in ihrer Performanz von Modellen bzw. Problemklassen abhängen und sich darin stark unterscheiden können.

1.3   Aufbau der Arbeit

Grundlagen (Kapitel 2) Anfangs werden theoretische Grundlagen erarbeitet und formale Definitionen eingeführt, die zum Verständnis dieser Arbeit notwendig sind. Dazu zählen neben der booleschen Algebra insbesondere darauf aufbauende Beschreibungsmöglichkeiten von booleschen Funktionen wie NFs und ROBDDs, die unter Betrachtung von Anforderungen aus dem VLSI CAD und deren dazugehöriger algorithmischer Komplexität diskutiert werden.

Master BDD (MBDD) (Kapitel 3) Auf Grundlage der analysierten Komplexität wichtiger Operationen, um Anforderungen aus dem VLSI CAD gerecht zu werden, erfolgt die Beschreibung der Implementierung des BDD-Pakets MBDD. Hierzu werden verwendete Programmiertechniken, insbesondere Verbesserungen für den Speicherplatz bez. der theoretisch analysierten Komplexität erläutert. Dazu zählen u. a. dynamische Hashtabellen und weitere Bestandteile des Systems wie z. B. die

GC. Darauf aufbauend werden zur Untersuchung der NFs und benötigter synthetisierter Knoten dazugehörige Parser realisiert.

Ausnutzung von Ordnungseigenschaften (Kapitel 4) Um das Synthese-Verhalten für NFs zu untersuchen, werden zunächst verschiedene Ordnungen auf DNFs und CNFs definiert, um diese entsprechend anzuordnen. Anschließend wird das Verhalten unter Betrachtung boolescher Gesetze und Regeln analysiert. Insgesamt sollen Muster gefunden werden, sodass weniger Knoten zum Aufbau der finalen ROBDDs notwendig sind und der Speicherbedarf für Anwendungen aus dem VLSI CAD reduziert wird.

Performanzevaluation (Kapitel 5) Die unter Nutzung von MBDD herausgefundenen Muster und Regeln werden zunächst anhand verschiedener Benchmark-Instanzen bez. des Speicherbedarfs und der Ausführungsdauer gemessen sowie ausgewertet. Danach erfolgt ein Vergleich mit State-of-the-Art-Paketen, um die Ergebnisse der durchgeführten Experimente besser einordnen zu können.

Zusammenfassung und Ausblick (Kapitel 6) Es wird ein Fazit dieser Arbeit geliefert und beschrieben, welche Methoden inwieweit dazu in der Lage sind, den Speicherbedarf bei der ROBDD-Synthese zu minimieren. Darüber hinaus wird diskutiert, wo die Grenzen und Probleme der entwickelten Ansätze liegen und welche Verbesserungen in zukünftigen Arbeiten vorgenommen werden können.

Grundlagen

2

*There is not only a close analogy between the operations
of the mind in general reasoning and its operations in the
particular science of Algebra, but there is to a
considerable extent an exact agreement in the laws by
which the two classes of operations are conducted.*

G. Boole (1815–1864) [49]

Dieses Kapitel stellt wichtige Grundlagen und formale Notationen vor, die für das
Verständnis dieser Arbeit und damit weitere Überlegungen in den – im Anschluss
daran – folgenden Kapiteln notwendig sind. Zunächst werden in Abschnitt 2.1
grundlegende Begriffe zum Verständnis boolescher Funktionen und der booleschen
Algebra eingeführt, Anforderungen an Datenstrukturen bez. dem beschriebenen
Hardware-Entwurfsablauf spezifiziert und klassische Vertreter wie NFs zur Darstellung boolescher Funktionen – basierend auf Berechnungsvorschriften – diskutiert. Damit zusammenhängend werden komplexitätstheoretisch insbesondere Aus-
führungszeiten analysiert, da eine obere Schranke für Zeitkomplexität unmittelbar
eine obere Schranke für Platzkomplexität impliziert [71]. Anschließend stehen in
Abschnitt 2.2 BDDs als Repräsentationsform für boolesche Funktionen und ihre
Eigenschaften im Vergleich zu den klassischen Darstellungsformen im Mittelpunkt,
die auf Entscheidungsprozessen basieren. Es werden Restriktionen wie Ordnungsbedingungen und Reduktionsregeln eingeführt, um ihre populärste Erscheinungs-
form, die ROBDDs, zu erhalten und auf ihnen effiziente Manipulationen wie Syn-
thesealgorithmen zu erläutern.

2.1   Boolesche Funktionen

Digitale Systeme bestehen aus elektrischen SKs. Durch das Anlegen von Spannungen an den Eingabepins können bestimmte Signale an den Ausgabepins erzeugt werden. Abstrahiert von vorkommenden Grenzwerten fließt Strom oder Strom fließt nicht, symbolisiert durch boolesche Variablen, die Werte aus der Menge $\mathbb{B} := \{0, 1\}$ annehmen können. In der Aussagenlogik wird $0 \in \mathbb{B}$ dabei als `false` und $1 \in \mathbb{B}$ als `true` interpretiert. Also können Ausgabesignale, deren Wert eindeutig durch Eingabesignale bestimmt ist, durch *boolesche Funktionen*, die über einer Menge boolescher Variablen definiert sind, entsprechend beschrieben werden.

Definition 2.1 Eine Abbildung $f : \mathbb{B}^n \to \mathbb{B}^m$ heißt (vollständig definierte) *boolesche Funktion* in n freien und m abhängigen booleschen Variablen, wobei $n, m \in \mathbb{N}$. Eine boolesche Variable x_i wird als *wesentlich* für f bezeichnet, wenn es eine Eingabebelegung $\alpha_1, \ldots, \alpha_n$ mit $f(\alpha_1, \ldots, \alpha_n, 0, a_{i+1}, \ldots, \alpha_n) \neq f(\alpha_1, \ldots, \alpha_n, 1, a_{i+1}, \ldots, \alpha_n)$ gibt. $\mathcal{B}_{n,m} := \{f \mid f : \mathbb{B}^n \to \mathbb{B}^m\}$ beschreibt die Menge boolescher Funktionen, wobei $\mathcal{B}_n := \mathcal{B}_{n,1}$. Boolesche Funktionen $f \in \mathcal{B}_{n,m}$ werden als m-dimensionale Vektoren $(f_1, \ldots, f_m)$ boolescher Funktionen $f_i \in \mathcal{B}_n, 1 \leqslant i \leqslant m$ interpretiert. Sind f, g zwei boolesche Funktionen in n Variablen, dann ist $f \leqslant g \Longleftrightarrow f(\alpha) \leqslant g(\alpha) \forall \alpha \in \mathbb{B}^n$.

Bemerkung. Mithilfe von wesentlichen Variablen können verschieden-stellige boolesche Funktionen in Beziehung gesetzt werden. So kann bspw. durch die Einführung einer weiteren unwesentlichen Variable $\mathcal{B}_n \subset \mathcal{B}_{n+1}$ ausgedrückt werden, wobei diese keinen Einfluss auf die Funktionsberechnung hat.

Eine boolesche Funktion kann auf verschiedene Art und Weise identifiziert werden. Zwei zur Verfügung stehende Möglichkeiten, eine boolesche Funktion eindeutig zu identifizieren, bilden die sog. *Erfüllbarkeits-* bzw. *Nichterfüllbarkeitsmenge*.

Definition 2.2 Sei f eine boolesche Funktion in n Variablen und $m = 1$. Dann bezeichnet $ON(f) := \{\alpha \in \mathbb{B}^n \mid f(\alpha) = 1\} = f^{-1}(1)$ die *Erfüllbarkeitsmenge*, die f eindeutig beschreibt. Es gilt $f = \chi_{ON(f)}$, wobei $\chi_{ON(f)}$ die *charakteristische Funktion* von $ON(f)$ bezeichnet, d. h.

$$\chi_{ON(f)}(\alpha) = \begin{cases} 1 & \text{falls } \alpha \in ON(f) \\ 0 & \text{sonst.} \end{cases} \qquad (2.1)$$

Analog bezeichnet $\mathrm{OFF}(f) := \{\alpha \in \mathbb{B}^n \mid f(\alpha) = 0\} = f^{-1}(0)$ die *Nichterfüllbarkeitsmenge* von f.

Bei der Spezifikation von digitalen Systemen ist es nicht unbedingt notwendig, dass funktionale Verhalten für alle Eingabekombinationen zu beschreiben. Solche *unvollständig spezifizierten booleschen Funktionen* werden nur auf einer Teilmenge von $\mathbb{B}^n$ definiert, d. h. den *Definitionsbereich* $\mathrm{DEF}(f) \subset \mathbb{B}^n$ mit $\mathrm{DEF}(f) := \{\alpha \in \mathbb{B}^n \mid f(\alpha) \text{ definiert}\}$. Ansonsten gelten sog. *Don't Cares* (DCs).

Definition 2.3 Eine boolesche Funktion $f : \mathrm{DEF}(f) \to \mathbb{B}^m$ heißt *unvollständig definiert* oder *partiell* in n Variablen. Die Menge aller partiellen booleschen Funktionen aus $\mathcal{B}_n$ wird $\mathcal{B}_n^*$ genannt. Die Menge $\mathrm{DC}(f) := \{\alpha \in \mathbb{B}^n \mid f(\alpha) \text{ nicht definiert}\}$ wird als *DC-Bereich* der Funktion f bezeichnet.

Bemerkung. Offensichtlich kann jede partielle boolesche Funktion f vollständig durch die Vereinigung von mindestens zwei der Mengen $\mathrm{ON}(f)$, $\mathrm{OFF}(f)$ und $\mathrm{DC}(f)$ vollständig beschrieben werden.

Partielle Funktionen kommen bspw. bei der Prüfsummenberechnung für binär kodierte Dezimalzahlen vor oder wenn bestimmte Eingaben eines Systems dessen Verhalten nicht beeinflussen [28].

Beispiel 2.1 Sei $f \in \mathcal{B}_3^*$ eine unvollständig definierte Funktion, die durch $f(0,0,0) = f(0,0,1) = f(0,1,0) = f(0,1,1) = 1$ spezifiziert ist. Dann gilt $\mathrm{DC}(f) = \{(1,0,0),(1,0,1),(1,1,0),(1,1,1)\}$.

Der im Jahr 1847 formulierte boolesche Kalkül von G. Boole [49], darauf basierende Vorschläge für den Rechnerentwurf von P. Ehrenfest [31] im Jahr 1910 sowie erste entwickelte Methoden für z. B. die Analyse von SKs durch C. Shannon [99] im Jahr 1938 stellen die Basis für alle heutigen digitalen Rechnersysteme und erlauben Berechnungen mit booleschen Funktionen sowie deren Manipulation. Im Folgenden wird daher die boolesche Algebra definiert und Repräsentationsmöglichkeiten boolescher Funktionen, bezogen auf Anforderungen bzw. Problemstellungen des VLSI CAD, diskutiert.

2.1.1 Boolesche Algebra

Mithilfe des vorgenannten booleschen Kalküls werden *algebraische Strukturen* definiert.

Definition 2.4 Sei S eine Trägermenge mit zwei ausgezeichneten Elementen 0 und 1, auf der zwei binäre Operationen $+, \cdot$ und eine unäre Operation $^-$ definiert sind. Dann heißt das Tupel $\mathcal{A} = (S, +, \cdot, ^-)$ *boolesche Algebra* falls $\forall x, y, z \in S$ die folgenden Gesetze (Axiome) nach Huntington [62] gelten:

Kommutativität: $x + y = y + x$ und $x \cdot y = y \cdot x$.
Distributivität: $x + (y \cdot z) = (x + y) \cdot (x + z)$ und
$x \cdot (y + z) = (x \cdot y) + (x \cdot z)$.
Neutralität: $\exists 0 \in S : a + 0 = a$ und $\exists 1 \in S : a \cdot 1 = a$.
Komplementierung: $\exists 1 \in S : a + \overline{a} = 1$ und $\exists 0 \in S : a \cdot \overline{a} = 0$.

Dabei bindet $^-$ konventionell stärker als $\cdot$ und $\cdot$ stärker als $+$. Wie in einer arithmetischen Notation üblich, kann anstelle von $x \cdot y$ abgekürzt xy geschrieben werden.

Aus den in Definition 2.4 aufgeführten Axiomen sind weitere Regeln ableitbar, die durch direkte Beweise gezeigt werden können.

Proposition 2.1 (Idempotenz). Seien $x, y \in S$ einer booleschen Algebra $(S, +, \cdot, ^-)$. Dann gilt $x = x \cdot x$.

Beweis.

$$
\begin{aligned}
x &= (x \cdot 1) && \text{(Neutralität)} \\
&= x \cdot (x + \bar{x}) && \text{(Komplementierung)} \\
&= (x \cdot x) + (x \cdot \bar{x}) && \text{(Distributivität)} \\
&= (x \cdot x) + 0 && \text{(Komplementierung)} \\
&= x \cdot x && \text{(Neutralität)}
\end{aligned}
$$

$\square$

Analog gilt *dual* $x = x + x$.

Theorem 2.1 Gilt eine aus Definition 2.4 abgeleitete Gleichung p, so gilt auch die zu p *duale Gleichung*, die durch Vertauschen von $+$ und $\cdot$ sowie 0 und 1 aus p hervorgeht.

Beweis. Werden die Axiome der booleschen Algebra betrachtet, so kann umgehend festgestellt werden, dass die Mengen der Axiome und der zu den Axiomen dualen Gleichungen übereinstimmen. Somit kann gefolgert werden, dass eine jeweilige duale Gleichung auch aus den Axiomen über Vertauschung ableitbar ist. $\Box$

Analog zu Proposition 2.1 unter Beachtung von Theorem 2.1 können weitere Regeln bzw. Gesetze gezeigt werden:

Gesetz 2.1 (Absorption) $\forall x, y \in \mathcal{A} : x + (x \cdot y) = x$

Gesetz 2.2 (Assoziativität) $\forall x, y, z \in \mathcal{A} : x + (y + z) = (x + y) + z$

Gesetz 2.3 (Auslöschung) $\forall x, y \in \mathcal{A} : x + (y \cdot \overline{y}) = x$

Gesetz 2.4 (De Morgan) $\forall x, y \in \mathcal{A} : \overline{x + y} = \overline{x} \cdot \overline{y}$

Gesetz 2.5 (Extremal) $\forall x \in \mathcal{A} : x + 1 = 1$

Gesetz 2.6 (Involution) $\forall x \in \mathcal{A} : \overline{\overline{x}} = x$

Gesetz 2.7 (Konsensus) $\forall x, y, z \in \mathcal{A} : (x+y) \cdot (\overline{x}+z) \cdot (y+z) = (x+y) \cdot (\overline{x}+z)$

Gesetz 2.8 (Redundanz) $\forall x, y \in \mathcal{A} : (x \cdot \overline{y}) + y = x + y$

Gesetz 2.9 (Resolution) $\forall x, y \in \mathcal{A} : (x + y) \cdot (x + \overline{y}) = x$

Da weitere Beweisführungen keinen Mehrwert für diese Arbeit liefern, wird für diese Regeln an dieser Stelle darauf verzichtet.

Im Folgenden werden ausschließlich endliche boolesche Algebren behandelt. Populäre Vertreter dabei sind die *zweielementige boolesche Algebra* und *boolesche Algebra der booleschen Funktionen* [99].

Definition 2.5 Das Quadrupel $(\mathbb{B}, +, \cdot, {}^{-})$ mit

$$x + y := 0 \Longleftrightarrow x = y = 0 \qquad \text{(logische Disjunktion } \vee \text{)}$$
$$x \cdot y := 1 \Longleftrightarrow x = y = 1 \qquad \text{(logische Konjunktion } \wedge \text{)}$$
$$\overline{x} := 1 \Longleftrightarrow x = 0 \qquad \text{(logische Negation } \neg \text{)}$$

heißt *zweielementige boolesche Algebra* (Schaltalgebra).

Definition 2.6 Das Quadrupel $(\mathcal{B}_{n,m}, +, \cdot, {}^{-})$ mit

$$f + g \in \mathcal{B}_{n,m} := (f + g)(\alpha) = f(\alpha) \vee g(\alpha) \, \forall \alpha \in \mathbb{B}^n$$
$$f \cdot g \in \mathcal{B}_{n,m} := (f \cdot g)(\alpha) = f(\alpha) \wedge g(\alpha) \, \forall \alpha \in \mathbb{B}^n$$
$$\overline{f} \in \mathcal{B}_{n,m} := \overline{f}(\alpha) = 1 \Longleftrightarrow f(\alpha) = 0 \, \forall \alpha \in \mathbb{B}^n$$

heißt *boolesche Algebra der booleschen Funktionen.*

Es kann leicht festgestellt werden, dass die boolesche Algebra der booleschen Funktionen auf der Schaltalgebra aufbaut bzw. sie semantisch für Berechnungen nutzt.

Proposition 2.2 Seien $f, g \in \mathcal{B}_n$. Dann gelten $(f \cdot g)(\alpha) = (g \cdot f)(\alpha)$ bzw. $(f + g)(\alpha) = (g + f)(\alpha) \, \forall \alpha \in \mathbb{B}^n$.

Beweis. Die Kommutativität der Konjunktion ergibt sich unmittelbar aus Definition 2.6:

$$(f \cdot g)(\alpha) = f(\alpha) \wedge g(\alpha) \qquad \text{(Definition } \cdot)$$
$$= g(\alpha) \wedge f(\alpha) \qquad \text{(Kommutativität } \wedge)$$
$$= (g \cdot f)(\alpha) \qquad \text{(Definition } \cdot)$$

Die zweite Umformung folgt dabei umgehend aus Definition 2.5:

$$f(\alpha_1 \wedge \alpha_2) = \begin{cases} 1 & \text{falls } f(\alpha_1) = 1 \wedge f(\alpha_2) = 1 \\ 0 & \text{sonst.} \end{cases}$$

$(f + g)(\alpha) = (g + f)(\alpha)$ lässt sich analog zeigen. □

Beispiel 2.2 Die boolesche Algebra der booleschen Funktionen in 2 Variablen ist abhängig von 2 (wesentlichen) Variablen x, y und enthält insgesamt 16 zweistellige Funktionen $f_0, f_1, \ldots, f_{2^4-2}, f_{2^4-1}$, die in Tabelle 2.1 aufgrund ihrer häufigen Verwendung aufgezählt sind. Somit ist z. B. $x + y = 1 \Longleftrightarrow x = 1$ oder $y = 1$.

Die aufgezählten booleschen Algebren sind das Fundament für den Entwurf von SKs. Daher werden boolesche Funktionen im Folgenden als *Schaltfunktionen* bezeichnet. Weiterhin wird die Schreibweise mit Operationen bevorzugt, d. h. z. B. $x \cdot y$ anstelle von $and(x, y)$.

Tabelle 2.1 Zweistellige boolesche Funktionen

(X, Y)	(0, 0)	(0, 1)	(1, 0)	(1, 1)	OPERATION	FUNKTIONSNAME
f_0	0	0	0	0	0	Kontradiktion
f_1	0	0	0	1	$x \cdot y$	Konjunktion: $and(x, y)$
f_2	0	0	1	0	$x > y$	Inhibition von x: $greater(x, y)$
f_3	0	0	1	1	x	Identität von x
f_4	0	1	0	0	$x < y$	Inhibition von y: $lower(x, y)$
f_5	0	1	0	1	y	Identität von y
f_6	0	1	1	0	$x \oplus y$	Antivalenz: $xor(x, y)$
f_7	0	1	1	1	$x + y$	Disjunktion: $or(x, y)$
f_8	1	0	0	0	$x \downarrow y$	Peirce: $nor(x, y)$
f_9	1	0	0	1	$x \Leftrightarrow y$	Äquivalenz: $xnor(x, y)$
f_{10}	1	0	1	0	$\overline{y}$	Negation von y: $not(y)$
f_{11}	1	0	1	1	$x \Leftarrow y$	Replikation: $repli(x, y)$
f_{12}	1	1	0	0	$\overline{x}$	Negation von x: $not(x)$
f_{13}	1	1	0	1	$x \Rightarrow y$	Implikation: $imply(x, y)$
f_{14}	1	1	1	0	$x \uparrow y$	Sheffer: $nand(x, y)$
f_{15}	1	1	1	1	1	Tautologie

2.1.2 Anforderungen

Logiksynthese, Verifikation und Testen aus dem VLSI CAD erfordern bestimmte Anforderungen, die eine Datenstruktur, d. h. die Repräsentation $\mathcal{R}_f$ bzw. $f_{\mathcal{R}}$ eines Datentyps für eine Schaltfunktion f erfüllen muss, um effiziente Algorithmen darauf zu erlauben. Um zu bewerten, welche Eigenschaften eine Datenstruktur besitzen muss, um Problemstellungen innerhalb dieser Gebiete effizient lösen zu können und die Verwendung von Schaltfunktionen zu illustrieren, soll nachfolgend beispielhaft eine Anwendung bez. (formaler) Hardwareverifikation auf Ebene der Logiksynthese skizziert werden.

Ausgehend von einem kombinatorischen oder um Speicherelemente erweiterten kombinatorischen (sequenziellen) SK soll getestet werden, ob er eine spezifizierte Schaltfunktion implementiert. Um effizient zu testen, ob beide Schaltfunktionen *äquivalent* sind, werden eindeutige Darstellungen für die Schaltfunktionen berechnet, da der Äquivalenztest für SKs $\mathcal{CO} - \mathcal{NP}$-vollständig ist [47].

Um einen SK in eine jeweilige Darstellung umzurechnen, wird er in einer topologischen Ordnung durchlaufen. Dieser Vorgang wird als *symbolische Simulation* bezeichnet [10]. In Abhängigkeit eines erreichten Gatters $\otimes$, bestehend aus Transistoren, der eine Schaltfunktion wie die Konjunktion (vgl. Tabelle 2.1) ausdrückt, muss aus Darstellungen für anliegende Eingänge f und g eine Darstellung für $f \otimes g$ berechnet, d. h. *synthetisiert* werden. Dies setzt voraus, dass boolesche Operationen effizient ausgeführt werden können müssen.

Ist ein SK modular aufgebaut, so können zunächst Darstellungen für Module berechnet werden, um sie danach zu verknüpfen. Die Grundlage für Berechnungen mit Schaltfunktionen (Subfunktionen) liefert die *Shannon-Dekomposition* (auch *Shannon-Entwicklung* genannt).

Theorem 2.2 Sei $f \in \mathcal{B}_n$ eine n-stellige Schaltfunktion. Über die Partitionierung von f nach x_i mit $f_{x_i=1}(\alpha_1, \ldots, \alpha_{i-1}, 1, \alpha_{i+1}, \ldots, \alpha_n)$ und $f_{x_i=0}(\ldots, 0, \ldots)$ $\forall \alpha \in \mathbb{B}^n$ gilt

$$f = x_i \cdot \underbrace{f_{x_i=1}}_{\text{Positiver Kofaktor}} + \overline{x}_i \cdot \underbrace{f_{x_i=0}}_{\text{Negativer Kofaktor}} .$$

Beweis. Betrachte $(x_1, \ldots, x_n) \in \mathbb{B}^n$. Dann

$$x_i = 1 \implies f(\ldots, 1, \ldots) = f(x_i = 1) = 1 \cdot f(x_i = 1) + \overline{1} \cdot f(x_i = 0),$$
$$x_i = 0 \implies f(\ldots, 0, \ldots) = f(x_i = 0) = 0 \cdot f(x_i = 1) + \overline{0} \cdot f(x_i = 0).$$

$\square$

Bemerkung. Durch Anwendung der Regeln der booleschen Algebra kann zudem leicht gezeigt werden:

$$f = (\overline{x}_i + f_{x_i = 1}) \cdot (x_i + f_{x_i = 0}).$$

Proposition 2.3 Eine Schaltfunktion $f \in \mathcal{B}_n$ hat höchstens 3^n verschiedene Kofaktoren.

Beweis. Sei $c \in \{0, 1, \sim\}^n$ ein Vektor, der einen Kofaktor einer Schaltfunktion $f \in \mathcal{B}_n$ beschreibt, d.h. ein Kofaktor f_c ergibt sich durch $f_c(c_1(x_1), \ldots, c_n(x_n))$, indem eine freie Variable x_i mit einer Konstante $c = 0$ oder $c = 1$ belegt wird. Durch die iterative Anwendung werden alle Kofaktoren erhalten. Aus dieser Repräsentation und Vorgehensweise folgt, dass höchstens 3^n Kofaktoren zu f existieren. $\square$

Beispiel 2.3 Sei die Schaltfunktion $f \in \mathcal{B}_2$ gegeben, welche die logische Disjunktion $x_1 + x_2$ beschreibt. Dann gibt es 5 verschiedene Kofaktoren für f:

$$f_c = x_1 + x_2 \text{ mit } c \in \{(\sim, \sim)\},$$
$$f_c = x_1 \text{ mit } c \in \{(\sim, 0)\},$$
$$f_c = x_2 \text{ mit } c \in \{(0, \sim)\},$$
$$f_c = 0 \text{ mit } c \in \{(0, 0)\} \text{ und}$$
$$f_c = 1 \text{ mit } c \in \{(0, 1), (1, 0), (1, 1), (1, \sim), (\sim, 1)\}.$$

Aus der rekursiven Anwendung der Shannon-Dekomposition folgt als Konsequenz unmittelbar Theorem 2.3.

Theorem 2.3 Jede Schaltfunktion kann mit Basisoperationen $\{+, \cdot, \overline{}\}$ aus Definition 2.6 ausgedrückt werden.

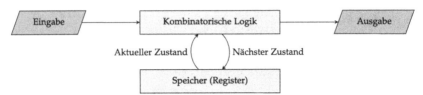

Abbildung 2.1 Skizzierung einer algorithmischen Zustandsmaschine für sequenzielle Schaltungen

Somit kann z. B. $x \oplus y$ auch als $\overline{x}y + x\overline{y}$ ausgedrückt werden. Aufgrund von Gesetz 2.4 (De Morgan) ist sogar die Menge $\{\cdot, ^-\}$ oder $\{+, ^-\}$ hierbei ausreichend. Zusammengefasst wird also eine Operation benötigt, die $f_{x_i=c}$ bzw. $f_{x_i=g}$ berechnet, d. h. eine entsprechende *Konstanten-* bzw. *Funktionen-Substitution* erlaubt.

Realisiert der betrachtete SK nicht eine spezifizierte Funktion g, sondern stattdessen eine fehlerhafte Funktion h, ist es für die Korrektur hilfreich zu wissen, auf wie vielen und welchen Eingaben der SK fehlerhaft ist [102]. Entsprechend muss das *Erfüllbarkeitsproblem der Aussagenlogik* (SAT) [51] effizient getestet bzw. $(g \otimes h)^{-1}(1)$ berechnet werden können.

Bemerkung. Wenn der Äquivalenztest effizient durchgeführt werden kann, so ist auch der Test auf Erfüllbarkeit effizient, weil lediglich geprüft werden muss, ob die Implementierung funktional äquivalent zur Nullfunktion ist. Ist dies der Fall, so ist der SK nicht erfüllbar, ansonsten gibt es mindestens eine erfüllende Belegung.

Während die Ausgaben eines kombinatorischen SK vollständig von den aktuellen Eingaben abhängen, hängen die Ausgaben eines sequenziellen SK zusätzlich von den in der Vergangenheit berechneten Werten ab, wobei die Abhängigkeiten durch Register – wie in Abbildung 2.1 dargestellt – beschrieben werden. Daher wird das Verhalten von sequenziellen SKs nicht vollständig durch Schaltfunktionen beschrieben, sondern um Zustandsmaschinen ergänzt [32]. Für die Verifikation müssen implizite Mengendarstellungen, d. h. $S \in \mathbb{B}^n$ mit z. B. Registerbelegungen, die durch Eingabefolgen nach k Schritten erreicht werden können, vollständig auf die Manipulation von Schaltfunktionen zurückgeführt werden, wozu u. a. die *Quantifizierung* dient [84]. Eine explizite Darstellung ist aufgrund der mittlerweile hohen Zustandsanzahl in Systemen nicht praktikabel, da z. B. bei 64-Bit kodierten Zuständen 2^{64} Zustände resultieren. Die Rückführung funktioniert aufgrund der in Gleichung 2.1 ersichtlichen charakteristischen Funktion $\chi_S(x_1, \ldots, x_n) = 1 \iff (x_1, \ldots, x_n) \in S$.

Die Berechnungs- und speziellen Entscheidungsprobleme sind auch in anderen (größeren) Anwendungen zu finden. Gemeinsam mit Anforderungen aus anderen Anwendungen wie z. B. *Model Checking* resultieren nachfolgend aufgezählte wichtige Operationen.

Problem 2.1 (Auswertung $EVAL_{\mathcal{R}}$)

Eingabe: Darstellung $\mathcal{R}_f$ für $f \in \mathcal{B}_n$ und Belegung $\alpha \in \mathbb{B}^n$
Ausgabe: Funktionswert $f(\alpha)$

Problem 2.2 (Erfüllbarkeit $SAT_{\mathcal{R}}$)

Eingabe: Darstellung $\mathcal{R}_f$ für $f \in \mathcal{B}_n$
Ausgabe: 1 falls $\exists \alpha \in \mathbb{B}^n : f(\alpha) = 1$, 0 sonst

Problem 2.3 ([Erfüllbarkeit-Alle $SAT - ALL_{\mathcal{R}}$)

Eingabe: Darstellung $\mathcal{R}_f$ für $f \in \mathcal{B}_n$
Ausgabe: $f^{-1}(1)$

Problem 2.4 (Erfüllbarkeit-Anzahl $SAT - COUNT_{\mathcal{R}}$)

Eingabe: Darstellung $\mathcal{R}_f$ für $f \in \mathcal{B}_n$
Ausgabe: $|f^{-1}(1)|$

Problem 2.5 (Funktionen-Substitution $COMPOSE_{\mathcal{R}}$)

Eingabe: Darstellungen $\mathcal{R}_f, \mathcal{R}_g$ für $f, g \in \mathcal{B}_n$ und Variable x_i
Ausgabe: $\mathcal{R}_{f_{x_i = g}}$

Problem 2.6 (Konstanten-Substitution $RESTRICT_{\mathcal{R}}$)

Eingabe: Darstellung $\mathcal{R}_f$ für $f \in \mathcal{B}_n$, Variable x_i und Konstante c
Ausgabe: $\mathcal{R}_{f_{x_i = c}}$

Problem 2.7 (Quantifizierung $\text{QUANT}_\mathcal{R}$)

Eingabe: Darstellung $\mathcal{R}_f$ für $f \in \mathcal{B}_n$ und Variable x_i
Ausgabe: $\mathcal{R}_{(\forall x_i:f):=f_{x_i=0} \wedge f_{x_i=1}}$ bzw. $\mathcal{R}_{(\exists x_i:f):=f_{x_i=0} \vee f_{x_i=1}}$

Problem 2.8 (Synthese $\otimes - \text{SYN}_\mathcal{R}$)

Eingabe: Darstellungen $\mathcal{R}_f, \mathcal{R}_g$ für $f, g \in \mathcal{B}_n$ und $\otimes \in \mathcal{B}_2$
Ausgabe: $\mathcal{R}_{f \otimes g}$

Problem 2.9 (Tautologietest $\text{TAUT}_\mathcal{R}$)

Eingabe: Darstellung $\mathcal{R}_f$ für $f \in \mathcal{B}_n$
Ausgabe: 1 falls $f = 1$, 0 sonst

Problem 2.10 (Äquivalenztest $\text{EQUIV}_\mathcal{R}$)

Eingabe: Darstellungen $\mathcal{R}_f, \mathcal{R}_g$ für $f, g \in \mathcal{B}_n$
Ausgabe: 1 falls $f = g$, 0 sonst

Da die Rechenzeit von der Größe der Darstellung abhängt, ist es außerdem – unabhängig von der Operation – stets erforderlich, dass die Darstellungsgröße minimiert, d. h. eine größenminimale Repräsentation $\mathcal{R}'$ mit $f_{\mathcal{R}'} = f_\mathcal{R}$ gefunden wird. So bedeutet eine kompakte Darstellung z. B. automatisch, dass auch implizite Mengenbeschreibungen klein bleiben. Im Folgenden werden in diesem Zusammenhang explizit Eigenschaften von Schaltfunktionen untersucht, um festzustellen, inwieweit eine Approximation zur effizienten Bewältigung der beschriebenen Anforderungen erfolgen muss.

2.1.3 Eigenschaften

Darstellungen für Schaltfunktionen sollten möglichst klein sein, um Speicherplatz und damit Rechenzeit zu sparen. Da es aber 2^{2^n} Schaltfunktionen über n Variablen gibt, besitzt jede Repräsentation für fast alle Schaltfunktionen eine exponentielle Größe. Dies geht auf ein Abzählargument von C. Shannon [100] aus dem Jahr 1949 zurück und basiert auf der Idee, dass es bei so vielen Schaltfunktionen unmöglich sein muss, jede mit polynomiellen Platz zu repräsentieren.

Theorem 2.4 Die Anzahl der n-stelligen Schaltfunktionen mit einem Ausgang beträgt $|\mathcal{B}_n| = 2^{2^n}$.

Beweis. Gemäß Feststellung aus Definition 2.1 gibt es 2^n mögliche Tupel in $\mathbb{B}^n$. Jedem Tupel kann dabei ein Wert aus der zweielementigen Menge $\mathbb{B}$ von einer Schaltfunktion $f \in \mathcal{B}_n$ zugeordnet werden (vgl. z.B. Tabelle 2.1). Also ist jede solche Funktion eindeutig durch einen $\mathbb{B}^n$-Vektor der Länge 2^n beschrieben. Es existieren also Variationen von 2 Elementen (mit Wiederholung) bez. 2^n. Dementsprechend gibt es $\underbrace{2 \cdot 2 \cdot \ldots \cdot 2}_{k=2^n} = 2^{2^n}$ verschiedene Funktionen in $\mathcal{B}_n$. $\square$

Bemerkung. Um die Anzahl der n-stelligen Schaltfunktionen aus $\mathcal{B}_n$ besser einordnen zu können, genügt für $n = 8$ ein Vergleich mit Atomen: Die geschätzte Anzahl an Atomen im Universum ist 10^{78} bis 10^{82} [94], wovon die (geschätzte) Anzahl an verschiedenen Funktionen mit $2^{256} \approx 10^{77}$ nicht weit entfernt ist.

Analog zu Theorem 2.4 kann gezeigt werden, dass die Anzahl der n-stelligen Schaltfunktionen mit m Ausgängen $|\mathcal{B}_{n,m}| = 2^{m \cdot 2^n}$ beträgt. Es kann anhand Tabelle 2.2 leicht erkannt werden, dass die Bearbeitung von Schaltfunktionen aufgrund des resultierenden Wachstums komplex ist. Somit kann nur erreicht werden, dass möglichst viele praxisrelevante Funktionen wie *Klassen* spezieller Schaltfunktionen mit zusätzlichen strukturellen Eigenschaften kompakt darstellbar sind, da u. a. Algorithmen existieren, die darauf effizient arbeiten, obwohl sie im Allgemeinen nicht praktikabel sind [22]. Eine solche wichtige Eigenschaft wird als *Monotonie* bezeichnet.

Tabelle 2.2 Wachstum von Schaltfunktionen

$|\mathcal{B}_n| = 2^{2^n}$	$|\mathcal{B}_{n,m}| = 2^{m \cdot 2^n}$
$|\mathcal{B}_0| = 2^{2^0} = 2$	$|\mathcal{B}_{2,0}| = 2^{2 \cdot 2^0} = 4$
$|\mathcal{B}_1| = 2^{2^1} = 4$	$|\mathcal{B}_{2,1}| = 2^{2 \cdot 2^1} = 16$
$|\mathcal{B}_2| = 2^{2^2} = 16$ (vgl. Tabelle 2.1)	$|\mathcal{B}_{2,2}| = 2^{2 \cdot 2^2} = 256$
$|\mathcal{B}_3| = 2^{2^3} = 256$	$|\mathcal{B}_{3,2}| = 2^{2 \cdot 2^3} = 65.536$
$|\mathcal{B}_4| = 2^{2^4} = 65.536$	$|\mathcal{B}_{4,2}| = 2^{2 \cdot 2^4} = 4.294.967.296$
$|\mathcal{B}_5| = 2^{2^5} = 4.294.967.296$	$|\mathcal{B}_{5,2}| = 2^{2 \cdot 2^5} \approx 1,8446744 \cdot 10^{19}$

Definition 2.7 Eine Schaltfunktion $f \in \mathcal{B}_n$ heißt *monoton steigend* gdw. $\forall \alpha, \beta \in \mathbb{B}^n : \alpha \leqslant \beta \implies f(\alpha) \leqslant f(\beta)$. f heißt *monoton fallend* gdw. $\forall \alpha, \beta \in \mathbb{B}^n : \alpha \leqslant \beta \implies f(\alpha) \geqslant f(\beta)$.

Beispiel 2.4 Die Konjunktion aus $\mathcal{B}_2$ ist monoton steigend, da

$$(0,0) \leqslant (0,0) \implies 0 \leqslant 0,$$
$$(0,0) \leqslant (0,1) \implies 0 \leqslant 0,$$
$$\dots,$$
$$(0,0) \leqslant (1,1) \implies 0 \leqslant 1,$$
$$\dots,$$
$$(1,0) \leqslant (1,1) \implies 0 \leqslant 1 \text{ und}$$
$$(1,1) \leqslant (1,1) \implies 1 \leqslant 1.$$

Bemerkung. Es ist bekannt, dass approximiert $\left(1 + \mathcal{O}\left(\frac{\log n}{n}\right)\right) \binom{n}{\lfloor \frac{n}{2} \rfloor}$ monotone Schaltfunktionen existieren [69].

Ähnlich zur Monotonie eignet sich auch die Eigenschaft *Symmetrie* dazu, Schaltfunktionen einfacher zu bearbeiten.

Definition 2.8 Eine Funktion $f \in \mathcal{B}_n$ heißt *symmetrisch*, wenn jede Permutation der Variablen $x_1, \dots, x_n$ den Funktionswert nicht ändert.

Liegt also eine symmetrische Funktion vor, so hängt ihr Funktionswert von der Anzahl der Einsen im Eingabevektor ab und nicht von deren Positionen. Daher kann eine symmetrische Funktion f auch als *Wertevektor* $v(f) = (\underbrace{v_0, \dots, v_n}_{i \text{ Bits}}) \in \mathbb{B}^{n+1}$ dargestellt werden.

Beispiel 2.5 Die Antivalenz f_6 aus $\mathcal{B}_2$ ist symmetrisch, da sie durch den Vektor $(0, 1, 0)$ repräsentiert werden kann. Ist also z. B. kein Bit gesetzt ($i = 0$), so wird 0 ausgegeben. Ist jedoch ein Bit gesetzt ($i = 1$), so ist ihr Funktionswert 1 usw.

Bemerkung. Es gibt exakt 2^{n+1} symmetrische Schaltfunktionen mit n Eingängen [16].

Offensichtlich gibt es relativ wenige symmetrische Funktionen im Vergleich zu der aus Theorem 2.4 bestimmten Anzahl an vorkommenden Schaltfunktionen. Jedoch gibt es einige Zählprobleme und damit verwandte Probleme, die häufig in Schaltungen Anwendung finden, wofür sich symmetrische Funktionen eignen [84]. Nachfolgend sind weitere derartige Funktionen aufgelistet:

- *Majoritätsfunktion* $m_n(x_1, \ldots, x_n) = 1$ gdw. $\sum_{i=1}^{n} x_i \geqslant \frac{n}{2}$.
- *Schwellenwertfunktion* $t_j^n(x_1, \ldots, x_n) = 1$ gdw. $\sum_{i=1}^{n} x_i \geqslant j$ mit $0 \leqslant j \leqslant n$.
- *Intervallfunktion* $r_{j,k}(x_1, \ldots, x_n) = 1$ gdw. $j \leqslant \sum_{i=1}^{n} x_i \leqslant l$ mit $1 \leqslant j \leqslant k \leqslant n$.

Durch das errungene Wissen um die Grenzen im Hinblick auf notwendige Algorithmen und der Forderung nach Kompaktheit praxisrelevanter Schaltfunktionen werden nachfolgend mögliche Darstellungen für solche Funktionen diskutiert.

2.1.4 Repräsentationen

Es gibt verschiedene Möglichkeiten, Schaltfunktionen zu beschreiben bzw. sie aus Basisfunktionen zu konstruieren, um damit konkret arbeiten zu können. Grundsätzlich sollten im Bereich des VLSI CAD die in Abschnitt 2.1.2 beschriebenen wünschenswerten Anforderungen unter Beachtung der aus dem letzten Kapitel festgestellten Eigenschaften von Schaltfunktionen zweckmäßig erfüllt werden. Insbesondere sind in dem Zusammenhang die Eigenschaften *Universalität* und *Kanonizität* von großer Bedeutung.

Definition 2.9 Ein Darstellungstyp heißt *universell* oder *vollständig*, wenn es für jede Schaltfunktion mindestens eine Darstellung gibt. Ein solcher Typ heißt *kanonisch*, wenn jede Schaltfunktion eindeutig (bis auf Isomorphie[1]) dargestellt wird.

In diesem Abschnitt werden klassische Repräsentationstypen für Schaltfunktionen vorgestellt, die in CAD-Werkzeugen Anwendung erlangt haben. Sie werden dabei im Hinblick auf die aus den vorangegangenen Abschnitten hervorgehenden Anforderungen und Eigenschaften näher untersucht und entsprechend diskutiert.

---

[1] Der Zusatz meint, dass sich zwei Darstellungen nur in den intern verwendeten Nummern unterscheiden dürfen.

2.1.4.1 Wahrheitstabelle und Würfel

Zwei der einfachsten Darstellungen von Schaltfunktionen sind die *Wahrheitstabelle* (TT) und n-dimensionale *Würfel*.

Definition 2.10 Eine tabellarische Aufstellung aller freien Variablen einer Schaltfunktion mit all ihren möglichen Belegungen sowie dazugehörigen Funktionswerten heißt *TT*.

Bemerkung. Liegt eine unvollständig definierte Funktion vor, bei der eine Variable u. U. beliebig gesetzt werden kann, so wird der jeweilige Eintrag durch X oder − gekennzeichnet.

Beispiel 2.6 Die TTs für die Basisfunktionen aus $\mathcal{B}_2$ sind in Abbildung 2.2 ersichtlich. Die linke Seite zeigt die jeweilige Menge der möglichen Belegungen der Variablen als Dualzahlen, die rechte Seite zeigt für jede Belegung den entsprechenden Funktionswert für die jeweilige Schaltfunktion.

x_2	x_1	$x_1 + x_2$
0	0	0
0	1	1
1	0	1
1	1	1

x_2	x_1	$x_1 \cdot x_2$
0	0	0
0	1	0
1	0	0
1	1	1

x_1	$\overline{x}_1$
0	1
1	0

(a) Disjunktion   (b) Konjunktion   (c) Negation

Abbildung 2.2 TTs der Basisfunktionen

Aus einer TT geht hervor, dass nicht nur Belegungen, sondern auch Schaltfunktionen aufgezählt werden können. Somit kann die rechte Seite einer TT als sog. *Bitstring* interpretiert werden, wobei das „oberste Bit" das *niedrigstwertige Bit* (LSB) kennzeichnet. Die ursprüngliche Schaltfunktion kann daher *eindeutig* rekonstruiert werden.

Beispiel 2.7 Die TTs in Abbildung 2.2a sowie Abbildung 2.2b haben die binäre Repräsentation 1110 bzw. 1000. Die TT in Abbildung 2.2c stellt den Bitstring 01 dar.

Ein Bitstring der Länge l kodiert eine Schaltfunktion $f \in \mathcal{B}_n$, wobei $n = \log_2(l)$. Schaltfunktionen mit mehreren Ausgängen können als Tupel von Bitstrings der Länge $l = 2^n$ kodiert werden. Aufgrund dieser Beobachtung können sie auch in dezimaler oder hexadezimaler Notation geschrieben werden.

Beispiel 2.8 Die Bitstrings aus Abbildung 2.2a und Abbildung 2.2b können als $1110_2 = 14_{10} = 0xE$ bzw. $1000_2 = 8_{10} = 0x8$ aufgefasst werden. Der Bitstring aus Abbildung 2.2c kann als $01_2 = 1_{10} = 0x1$ ausgedrückt werden.

Bemerkung. Aufgrund leichter zu handhabenden Berechnungen sollte eine entsprechende Anzahl an führenden Nullen gewährleistet sowie zur Sicherstellung der ASCII-Kompatibilität das Präfix 0x anstelle des Suffixes 16 für die hexadezimale Notation verwendet werden.

TTs sind algorithmisch einfach zu handhaben. Wenn z. B. zwei TTs T_f, T_g für $f, g \in \mathcal{B}_n$ gegeben sind, so können die Funktionswerte für Eingaben durch einen einfachen Lookup *ausgewertet* oder durch binäre Operationen miteinander *verknüpft* werden.

Theorem 2.5 Das Problem 2.1 $\mathrm{EVAL}_{\mathcal{TT}}$ ist in $\mathcal{O}(1)$ berechenbar.

Theorem 2.6 Das Problem 2.8 $\otimes - \mathrm{SYN}_{\mathcal{TT}}$ kann in polynomieller Zeit berechnet werden.

Während TTs für wenige freie Variablen (z. B. $n \leqslant 7$) praktisch relevant sind, sind sie für komplexere Schaltfunktionen ungeeignet, da sie nicht kompakt sind [84]. Zwar gilt für eben erwähnte Probleme ein polynomieller Zeitbedarf in der Länge der Eingabe, jedoch benötigt die Darstellung einer Funktion $f \in \mathcal{B}_{n,m}$ stets 2^n Zeilen mit jeweils m Einträgen aus $\mathbb{B}$, d. h. es resultiert stets eine exponentielle Darstellungsgröße in Abhängigkeit zur Anzahl verwendeter Variablen. Dies gilt analog ebenso für partielle Funktionen. Daraus kann u. a. geschlossen werden, dass die Verknüpfung zweier Tabellen aufgrund ihrer Größe recht aufwendig ist, wenn Schaltfunktionen mit einigen Variablen betrachtet werden.

Um eine Intuition bei der Analyse von Schaltfunktionen zu bekommen, bieten sich *boolesche Würfel* zur geometrischen Darstellung an.

Definition 2.11 Eine Zusammenfassung von $\alpha = (\alpha_1, \ldots, \alpha_n) \in \mathbb{B}^n$ als Eckpunkte eines Einheitswürfels in einem n-dimensionalen euklidischen Raum $\mathbb{R}^n$ wird n-dimensionaler *boolescher Würfel* genannt.

Beispiel 2.9 Die booleschen Würfel für die Basisfunktionen aus $\mathcal{B}_2$ sind in Abbildung 2.3 gezeigt: 1. Disjunktion (vgl. Abbildung 2.3a), 2. Konjunktion (vgl. Abbildung 2.3b) und 3. Negation (vgl. Abbildung 2.3c). Die Koordinaten sind als Belegungen der Variablen markiert, die zu ON(f) der jeweiligen Schaltfunktion f gehören.

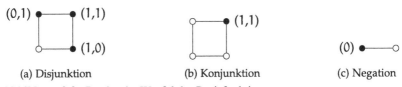

   (a) Disjunktion   (b) Konjunktion   (c) Negation

Abbildung 2.3 Boolesche Würfel der Basisfunktionen

Die Komplexität von booleschen Würfeln verhält sich ähnlich zu TTs. Daher sind sie ebenso wenig zur Darstellung von Schaltfunktionen mit großer Variablenanzahl geeignet [56].

2.1.4.2 Boolesche Ausdrücke

Eine der bekanntesten Darstellungen für Funktionen, basierend auf den Gesetzen der booleschen Algebra, sind *boolesche Ausdrücke* (BEs).

Definition 2.12 Sei $X_n = \{x_1, \ldots, x_n\}$ eine Menge an Variablen und $\mathcal{A} = X_n \cup \{0, 1, +, \cdot, ^-, (,)\}$ ein Alphabet. Die Menge $BE(X_n)$ der vollständig geklammerten BEs über X_n ist die Teilmenge von $\mathcal{A}^*$, die folgendermaßen induktiv definiert ist:

Die ausgezeichneten Elemente 0 und 1 sind BEs.
Die Variablen $x_1, \ldots, x_n$ sind BEs.
Sind g und h BEs, so auch die Disjunktion $(g + h)$, Konjunktion $(g \cdot h)$ und Negation $(\overline{g})$.
Nichts sonst ist ein BE.

Als weitere Vereinbarung für das Schreiben solcher Ausdrücke sei das Entfernen von Klammerpaaren erlaubt, wenn die ursprüngliche Bedeutung weiterhin eindeutig erkennbar bleibt. So meinen bspw. $(\overline{x}_1 + (x_2 \cdot x_3))$ und $\overline{x}_1 + x_2 x_3$ dasselbe.

Um BEs in Funktionen zu übersetzen, werden die Symbole $+, \cdot, ^-$ als boolesche Operationen aufgefasst und X_n als Menge, bestehend aus Eingabevariablen, betrachtet.

Definition 2.13 Sei ψ mit $\psi : BE(X_n) \to \mathcal{B}_n$ eine Abbildung, die jedem BE e eine Schaltfunktion f zuweist. ψ sei wie folgt definiert:

$\psi(0) = 0$ und $\psi(1) = 1$.

$\psi(x_i)(\alpha_1, \ldots, \alpha_n) = \alpha_i \; \forall \alpha \in \mathbb{B}^n$.

$\psi((g + h)) = \psi(g) + \psi(h)$.

$\psi((g \cdot h)) = \psi(g) \cdot \psi(h)$.

$\psi((\overline{g})) = \overline{\psi(g)}$.

Gilt $\psi(e) = f$, so wird f von e beschrieben. Dabei ergibt sich $\psi(e)(\alpha)$ für ein beliebiges $\alpha \in \mathbb{B}^n$ durch Substitution von x_i durch α_i für alle i in e und Rechnen in der Schaltalgebra aus Definition 2.5. Zwei BEs e_1, e_2 heißen *äquivalent* gdw. $\psi(e_1) = \psi(e_2)$.

Offensichtlich ist die Menge an BEs unendlich, um Schaltfunktionen zu beschreiben. Die Beziehung zwischen BEs und Schaltfunktionen ist nicht injektiv, d.h. es gibt mehrere Ausdrücke, welche die gleiche Schaltfunktion repräsentieren können. Dies kann leicht durch das Hervorrufen der Gesetze der booleschen Algebra festgestellt werden. Unter Betrachtung von Gesetz 2.4 (De Morgan) beschreiben z.B. $\overline{x + y}$ und $\overline{x} \cdot \overline{y}$ dieselbe Schaltfunktion. Intuitiv kann für jeden BE e argumentiert werden, dass $\psi(e) = \psi(e+e) = \psi(e+e+e)+\ldots$ usw. gilt. Um die *funktionale Äquivalenz* (vgl. Problem 2.10) effizient zu entscheiden, ist eine Überführung in eine *eindeutige* Darstellung notwendig. Bevor allerdings auf die sog. *Normalisierung* eingegangen wird, werden noch weitere grundlegende Begriffe dafür eingeführt.

Definition 2.14 Die BEs x_i und $\overline{x}_i$ heißen *Literale*, wobei x_i als *positives* und $\overline{x}_i$ als *negatives* Literal bezeichnet wird.

Definition 2.15 Sei $\omega = \otimes_\omega \in \mathcal{B}_2$ eine assoziative boolesche Operation. Ein ω-Monom m ist eine einstufige ω-Verknüpfung von Literalen $m = x_{i_1}^{\alpha_{i_1}} \otimes_\omega \ldots \otimes_\omega x_{i_l}^{\alpha_{i_l}}$, wobei $\alpha_{i_j} \in \mathbb{B}, j = 1, 2, \ldots, l, x_i^0 = \overline{x}_i, x_i^1 = x_i$ und l die Länge von m, d.h.

die Anzahl der auftretenden Literale, kennzeichnet. $(\cdot)$-Monome werden aufgrund der verkürzten Schreibweise bez. $\cdot$ kurz *Monome* oder *Produktterme* genannt. $(+)$-Monome werden als *Klauseln* oder *Summenterme* bezeichnet.

Zusätzlich wird für ein ω-Monom angenommen, dass jedes Literal höchstens einmal auftritt bzw. nicht sowohl das positive als auch das negative Literal einer Variable darin vorkommt. Gemäß Abschnitt 2.1.2 ist jedoch die *Universalität* bei solchen *einstufigen NFs* nicht gegeben. Daher bietet es sich an, paarweise verschiedene Monome über einen weiteren Operator in geeigneter Weise miteinander zu verknüpfen. Somit resultiert eine *zweistufige NF*.

Definition 2.16 Seien $\omega = \otimes_\omega, \omega' = \otimes_{\omega'} \in \mathcal{B}_2$ zwei assoziative boolesche Operationen. Die ω'-Verknüpfung von ω-Monomen heißt (ω, ω')-*Polynom*. Die Summe der Länge der Monome ist die Länge des (ω, ω')-Polynoms. Speziell gilt:

Ein $(\cdot, +)$-Polynom bzw. $\sum_{i=1}^{k} \left(x_{i_1}^{\alpha_{i_1}} \cdot \ldots \cdot x_{i_l}^{\alpha_{i_l}} \right)$ heißt DNF.

Ein $(+, \cdot)$-Polynom bzw. $\prod_{i=1}^{k} \left(x_{i_1}^{\alpha_{i_1}} + \ldots + x_{i_l}^{\alpha_{i_l}} \right)$ heißt CNF.

Ein $(\cdot, \oplus)$-Polynom bzw. $\bigoplus_{i=1}^{k} \left(x_{i_1}^{\alpha_{i_1}} \cdot \ldots \cdot x_{i_l}^{\alpha_{i_l}} \right)$ wird darüber hinaus als *Ringsummen-NF* (RNF) bezeichnet.

$(\cdot, +)$-Polynome werden kurz *Polynome* genannt.

Beispiel 2.10 Der BE $x_1\bar{x}_2 + x_1 x_3$ ist eine DNF. $(x_1 + \bar{x}_2)(x_1 + x_3)$ ist eine CNF. Der Ausdruck $x_1\bar{x}_2 \oplus x_1 x_3$ entspricht einer RNF.

Wegen Theorem 2.3 als Konsequenz der Shannon-Entwicklung folgt automatisch, dass jede Schaltfunktion als DNF bzw. CNF dargestellt werden kann. Offensichtlich genügen jedoch bisher beschriebene NFs nicht, um den erwähnten Äquivalenztest effizient durchzuführen, weil sie nicht eindeutig sind. Um dies zu zeigen, kann eine Polynomialzeitreduktion von $\text{SAT}_{\mathcal{CNF}}$ (vgl. Problem 2.2) bzw. $3 - \text{SAT}_{\mathcal{CNF}}$ erfolgen, das bekanntermaßen $\mathcal{NP}$-vollständig ist [115].

Problem 2.11 (Erfüllbarkeit $3 - \text{SAT}_{\mathcal{CNF}}$)

Eingabe: Eine CNF, in der jede Klausel aus 3 Literalen besteht
Ausgabe: 1 falls es eine erfüllende Belegung für die CNF gibt,
            0 sonst

Theorem 2.7 Das Problem 2.10 $\text{EQUIV}_{\mathcal{CNF}}$ sowie $\text{EQUIV}_{\mathcal{DNF}}$ ist $\mathcal{CO} - \mathcal{NP}$-vollständig.

Beweis. Zeige zunächst, dass $\text{EQUIV}_{\mathcal{CNF}}$ und $\text{EQUIV}_{\mathcal{DNF}}$ in $\mathcal{NP}$ liegen. Es genügt, eine Belegung zu raten, um anschließend in Linearzeit zu testen, ob zu 1 ausgewertet wird. Hierzu kann ein rekursiver Algorithmus verwendet werden, der den Wahrheitswert aller Teilausdrücke bestimmt. Die Abbildung 2.4 zeigt in diesem Zusammenhang die Auswertung über eine Baumdarstellung von Ausdrücken, deren Wahrheitswerte zusammengesetzt werden.

Reduziere nun $3 - \text{SAT}_{\mathcal{CNF}}$ auf $\text{EQUIV}_{\mathcal{CNF}}$, d. h. dadurch gilt nun $3 - \text{SAT}_{\mathcal{CNF}} \leqslant_p \text{EQUIV}_{\mathcal{CNF}}$. Sei f eine Eingabe für $3 - \text{SAT}_{\mathcal{CNF}}$. Setze $f_1 = f$ und $f_2 = 0$ (Kontradiktion). f ist also erfüllbar gdw. f_1 und f_2 unterschiedliche Schaltfunktionen repräsentieren.

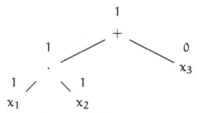

Abbildung 2.4 Baumdarstellung von BEs

Führe nun $3 - \text{SAT}_{\mathcal{CNF}} \leqslant_p \text{EQUIV}_{\mathcal{DNF}}$ durch. Sei $f = \prod_{i=1}^{n} t_i$ mit $t_i = x_{i_1}^{\alpha_{i_1}} + x_{i_2}^{\alpha_{i_2}} + x_{i_3}^{\alpha_{i_3}}$, wobei $\alpha_{i_j} \in \mathbb{B}, 1 \leqslant i \leqslant n, 1 \leqslant j \leqslant 3$, eine Eingabe für $3 - \text{SAT}_{\mathcal{CNF}}$. Konstruiere nun $f' = t_1 \ldots t_n$. Wegen Gesetz 2.4 (De Morgan) ist f' erfüllbar gdw. $\overline{f}' = \overline{t}_1 + \ldots + \overline{t}_n$ keiner Tautologie entspricht. Sei $t_i' = \overline{t}_i$. Mit dem Gesetz 2.4 folgt $t_i' = \overline{t}_i = x_{i_1}^{1-\alpha_{i_1}} x_{i_2}^{1-\alpha_{i_2}} x_{i_3}^{1-\alpha_{i_3}}$. Sei nun f_1 die DNF mit $t_1', \ldots, t_n'$ und $f_2 = 1$ (Tautologie). Dann ist f erfüllbar gdw. f_1 und f_2 unterschiedliche Schaltfunktionen repräsentieren. $\square$

Aufgrund der Konstruktion dieses Beweises kann allgemein Korollar 2.7.1 gefolgert werden.

Korollar 2.7.1 Das Problem 2.1 $\text{EVAL}_{\mathcal{BE}}$ kann mit linearem Zeitaufwand berechnet werden.

Anhand der Konstruktion aus $3 - SAT_{\mathcal{CNF}} \leqslant_p EQUIV_{\mathcal{DNF}}$ geht zudem hervor, dass jede CNF eine äquivalente DNF besitzt. Außerdem kann leicht über eine Reduktion von $3 - SAT_{\mathcal{CNF}}$ gezeigt werden, dass der *Tautologietest* für CNFs ineffizient ist, da eine Funktion f nicht erfüllbar ist gdw. f konstant ist und $f(0,\ldots,0) = 0$ gilt.

Theorem 2.8 Das Problem 2.9 $TAUT_{\mathcal{CNF}}$ ist $\mathcal{CO} - \mathcal{NP}$-vollständig.

Im Zusammenhang mit TTs können (ω, ω')-Polynome daraus erzeugt werden, indem *Minterme* bzw. *Maxterme* „abgelesen" werden.

Definition 2.17 Für ein $\alpha \in \mathbb{B}^n$ heißt $m(\alpha) = \prod_{i=1}^{n} x_i^{\alpha_i}$ der zu α gehörende *Minterm*.

Definition 2.18 Für ein $\alpha \in \mathbb{B}^n$ heißt $s(\alpha) = \sum_{i=1}^{n} x_i^{\overline{\alpha}_i}$ der zu α gehörende *Maxterm*.

In Bezug auf deren Evaluation folgt unmittelbar Proposition 2.4.

Proposition 2.4 Für eine Belegung $\alpha \in \mathbb{B}^n$ gilt

$$m(\alpha) = 1 \Longleftrightarrow x_i = \alpha_i \, \forall i \leqslant i \leqslant n.$$
$$s(\alpha) = 0 \Longleftrightarrow x_i = \alpha_i \, \forall i \leqslant i \leqslant n.$$

Ein Minterm evaluiert also zu 1 gdw. für alle negierten Variablen $x_i = 0$ und alle nicht-negierten Variablen $x_i = 1$ gilt. Analog verhält sich die Evaluation für die Maxterme.

Beispiel 2.11 Sei $f \in \mathcal{B}_2$ eine Schaltfunktion mit $f(x_1, x_2) = x_1 \oplus x_2$. Die resultierenden Minterme sind gemäß Proposition 2.4 folgend in Tabelle 2.3 ersichtlich. Analog ergeben sich die Maxterme.

Tabelle 2.3 Bildung von Min- und Maxtermen anhand einer TT

x_1	x_2	$x_1 \oplus x_2$	MINTERME	MAXTERME
0	0	0		$(x_1 + x_2)$
0	1	1	$(\overline{x}_1 x_2)$	
1	0	1	$(x_1 \overline{x}_2)$	
1	1	0		$(\overline{x}_1 + \overline{x}_2)$

Ein ω-Monom ist also ein Min- bzw. Maxterm, wenn jede Variable entweder als positives oder negatives Literal vorkommt. Somit ist es vollständig. Als unmittelbare Konsequenz daraus ergibt sich, dass auch das (ω, ω')-Polynom vollständig ist, wenn alle ω-Monome vollständig sind. Es folgt $f = \sum_{\alpha \in ON(f)} m(\alpha)$ bzw. $f = \prod_{\alpha \in OFF(f)} s(\alpha)$ für $f \in \mathcal{B}_n$ als *kanonische DNF* (KDNF) bzw. *kanonische CNF* (KCNF), die bis auf Isomorphie eindeutig ist. Entsprechend Tabelle 2.3 besteht sie ausschließlich aus Min- bzw. Maxtermen.

Bemerkung. Durch rekursives Anwenden der Shannon-Dekomposition bez. jeder Variable resultiert letztendlich auch die KDNF bzw. KCNF:

$$f(x_1, x_2, x_3) = x_3 x_1 + \overline{x}_2 x_1 + x_2 \overline{x}_1$$
$$= x_3(x_1 + \overline{x}_2 x_1 + x_2 \overline{x}_1) + \overline{x}_3(\overline{x}_2 x_1 + x_2 \overline{x}_1)$$
$$= x_3(x_2(x_1 + \overline{x}_1) + \overline{x}_2(x_0)) + \overline{x}_3(x_2(\overline{x}_1) + \overline{x}_2(x_1))$$
$$= x_3 x_2 x_1 + x_3 x_2 \overline{x}_1 + x_3 \overline{x}_2 x_1 + \overline{x}_3 x_2 \overline{x}_1 + \overline{x}_3 \overline{x}_2 x_1$$

Anhand von Tabelle 2.3 kann ebenfalls leicht erkannt werden, dass jede DNF eine äquivalente CNF besitzt, wobei deren Umwandlung gemäß Konstruktion $\mathcal{NP}$-hart ist [89]. Zudem ergibt sich unmittelbar:

Proposition 2.5 Zu jeder Schaltfunktion f gibt es einen BE, der f beschreiben kann.

Bemerkung. Im Kontext von RNFs sei erwähnt, dass es z. B. die Parity-NF bzw. Reed-Muller-Entwicklung gibt, in der jedes $(\cdot)$-Monom nur aus positiven Literalen besteht. Diese ist ebenfalls sowohl universell als auch kanonisch [48].

Die normalisierte zweistufige Darstellung von BEs besitzt jedoch diverse Nachteile bez. der in Abschnitt 2.1.2 betrachteten Problemstellungen aufgrund ihrer resultierenden Größe. Wegen der Forderung, dass Literale in jedem Produkt- bzw. Summenterm negiert oder nicht-negiert vorkommen müssen, ergeben sich maximal 2^n paarweise verschiedene Terme. So haben bereits intuitiv einfache Schaltfunktionen wie die Paritätsfunktion

$$par_n(x_1, \ldots, x_n) := x_1 \oplus \ldots \oplus x_n = \sum_{i=1}^{n} x_i \bmod 2 \text{ mit } n \in \mathbb{N} \qquad (2.2)$$

eine exponentielle Darstellung als KDNF bzw. KCNF, da sie exakt 2^{n-1} Min- bzw. Maxterme enthält [56].

Beispiel 2.12 Sei par_5 anhand von Gleichung 2.2 gegeben. Gemäß Proposition 2.4 werden die Minterme $(x_1\bar{x}_2\bar{x}_3\bar{x}_4\bar{x}_5)$, $(\bar{x}_1x_2\bar{x}_3\bar{x}_4\bar{x}_5)$, $\ldots$, $(x_1x_2x_3x_4x_5)$ aufgezählt. Insgesamt besitzt die resultierende KDNF $\binom{5}{1} + \binom{5}{3} + \binom{5}{5} = 16$ Minterme.

Daher besteht eine der zentralen Aufgaben der (zweistufigen) Logiksynthese darin, ein kostengünstiges (ω, ω')-Polynom anhand diverser *Gütekriterien* zu finden [84].

Definition 2.19 Sei m ein ω-Monom. Die *Kosten* von m sind gleich der Länge l von m.

Definition 2.20 Sei p ein (ω, ω')-Polynom. Die Kosten von p sind gleich der Summe seiner Länge und Anzahl seiner ω-Monome. Seien $p_1, \ldots p_n$ (ω, ω')-Polynome. Dann bezeichnet $M(p_1, \ldots, p_n)$ die Menge der in diesen Polynomen verwendeten ω-Monome. Die *primären Kosten* setzen sich aus $cost_1(p_1, \ldots, p_n) = |M(p_1, \ldots, p_n)|$ zusammen. Die *sekundären Kosten* werden dementsprechend anhand von $cost_2(p_1, \ldots p_n) = \sum_{m \in M(p_1, \ldots p_n)} l + \sum_{i=1,\ldots,n} |M(p_i)|$ berechnet.

Beispiel 2.13 Sei $p = \bar{x}_1x_2\bar{x}_3 + \bar{x}_1x_2 + \bar{x}_2x_3$ ein Polynom. Dann gelten $cost_1(p) = 3$ und $cost_2(p) = 10$.

Entsprechend der Definitionen 2.19 und Definition 2.20 kann das *Problem der zweistufigen Logikminimierung* wie folgt formuliert werden:

Problem 2.12 (Zweistufige Logikminimierung)

Eingabe: Eine Schaltfunktion $f \in \mathcal{B}_{n,m}$ als Menge von m (ω, ω')-Polynomen $\{p_1, \ldots, p_m\}$ mit $\psi(p_i) = f_i$ oder als TT der Dimension $(n + m)2^n$
Ausgabe: Polynome $\{p_1', \ldots, p_m'\}$ mit den Eigenschaften
 1. $\psi(p_i') = f_i \,\forall i$, 2. $cost_1(p_1', \ldots, p_m')$ ist minimal unter 1. und 3. $cost_2(p_1', \ldots, p_m')$ ist minimal unter 2.

Es gibt diverse Techniken, um solch ein *Minimalpolynom* zu finden. Algebraische Methoden wie *Regelsysteme* [40] nutzen hierzu Gesetze und Regeln der booleschen Algebra (vgl. Abschnitt 2.1.1) aus. Es ist jedoch im Allgemeinen schwierig festzustellen, wann eine optimale Lösung vorliegt, da es viele Regeln gibt, die (mehrfach) untereinander angewendet werden können. Darüber hinaus sind bestimmte Regeln erst nach Ausnutzung anderer Regeln anwendbar, was sich beispielhaft anhand der Beweisführung von Proposition 2.1 vorgestellt werden kann. Als Indikator kann zwar die geringste Anzahl produzierter Variablen im vereinfachten Ausdruck verwendet werden, jedoch ist es dennoch algorithmisch schwierig handhabbar.

Grafische Verfahren wie das *Karnaugh-Veitch-Diagramm* [114], welches einer flachen Abbildung des booleschen Würfels entspricht, nutzen visuelle Muster sowie Symmetrien aus, um Teilausdrücke zusammenzufassen und Funktionen zu vereinfachen. Unter Nutzung von Karnaugh-Veitch-Diagrammen ist allerdings der Aufbau einer TT notwendig, d. h. bei einer Stelligkeit n resultieren 2^n Zellen, wobei der Gray-Code zur Indexierung verwendet wird.

Während sich beide Verfahren daher nur bis zu ca. 5 Eingabevariablen eignen, kann praxisrelevant bis zu ca. 10 Variablen ein Polynom mit dem *Quine/McCluskey-Verfahren* [7] minimiert werden. Diese Methode basiert im Wesentlichen auf dem folgenden Theorem:

Theorem 2.9 Jedes Minimalpolynom einer Schaltfunktion f besteht ausschließlich aus Primimplikanten von f.

Der erste wesentliche Schritt besteht daher darin, sog. *Primimplikanten* zu finden.

Definition 2.21 Sei $f \in \mathcal{B}_n$ eine Schaltfunktion. Ein Monom m mit $\psi(m) \leqslant f$ heißt *Implikant* von f. Ein *Primimplikant* von f ist ein maximaler Implikant m von f, d. h. es existiert kein Implikant m' von f mit $\psi(m) \leqslant \psi(m')$, wobei $m \neq m'$. Ein Primimplikant heißt *wesentlich*, wenn es einen Minterm von f gibt, der nur von diesem Primimplikanten überdeckt wird.

Bemerkung. Die aus Abschnitt 2.1.4.1 vorgestellten booleschen Würfel eignen sich dazu, Implikanten und Primimplikanten einer Schaltfunktion zu veranschaulichen. Somit ist ein Implikant ein Teilwürfel, der nur markierte Ecken enthält. Ein Primimplikant ist ein maximaler Teilwürfel mit dieser Eigenschaft.

Aufgrund von Proposition 2.6 wird der erste Schritt erheblich vereinfacht, da es genügt, Monome einer DNF gruppenweise untereinander zu vergleichen und das Gesetz 2.9 (Resolution) anzuwenden.

Proposition 2.6 Die Monome eines Polynoms einer Schaltfunktion f sind alle Implikanten von f.

Beweis. Folgt direkt aus Proposition 2.4. Wenn eine Monom-Belegung zu 1 auswertet, so folgt der Funktionswert 1. $\square$

Jeder Vergleich bzw. die Berechnung des „Nachbarn" benötigt einen Aufwand von $\mathcal{O}(n \log n)$, wobei jedes der 3^n Monome mit höchstens n anderen Monomen verglichen wird. Unter Annahme einer effizienten Addition und Multiplikation resultiert hierbei insgesamt eine Laufzeit von $\mathcal{O}(\log n \cdot 3^n \cdot n^2)$ [7]. Das weitere Vorgehen ist, eine Primimplikantentafel mit den Implikanten minimaler Länge, die nicht weiter vereinfacht werden konnten, aufzustellen und diese anhand von vorgegebenen Reduktionsregeln zu vereinfachen, um das Überdeckungsproblem [106] zu lösen und die wesentlichen Primplikanten zu identifizieren. Liegt ein zyklisches Überdeckungsproblem vor, so kann z. B. das Verfahren von *Petrick* [7] angewendet werden. Dabei wird die Primimplikantentafel zunächst in eine CNF übersetzt, die alle Möglichkeiten der Überdeckung enthält. Die CNF wird anschließend ausmultipliziert, sodass eine DNF entsteht. Das kürzeste Monom repräsentiert dann die gesuchte Minimalüberdeckung. Das Problem 2.12 ist daher gleichbedeutend mit der Suche nach einer kostenminimalen Teilmenge von denen einer Menge S, die S überdeckt [116]. Aufgrund der Komplexität dieser Operation folgt:

Theorem 2.10 Das Problem 2.12 ist $\mathcal{NP}$-vollständig.

Da aufgrund dieser Komplexität die Operationsanzahl sehr schnell wächst, existiert zudem auch eine Reihe von heuristischen Verfahren wie *Espresso* [83] und Derivate wie [112] zur Reduzierung der Rechenzeit und des Speicherbedarfs in einigen Logiksynthese-Tools wie *AutoLogic* [23], die sich theoretisch bis zu mehreren hundert Variablen eignen und annähernd „gute" Lösungen für logische Minimierungsprobleme finden, die stets frei von Redundanzen sind. Das Grundprinzip hierbei ist, dass eine Schaltfunktion f nicht mit Mintermen repräsentiert wird, sondern boolesche Würfel iterativ manipuliert werden, welche die $ON(f)$-, $OFF(f)$- und $DC(f)$-Abdeckungen darstellen. Eine Eingabe ist daher eine TT, die Ausgabe eine DNF oder CNF.

    Zweistufige Formen sind dazu geeignet, programmierbare logische Schaltungen, z. B. als *programmierbares Logikarray* (PLA), zu realisieren. Ein PLA (vgl. Abbildung 2.5) besteht im Wesentlichen aus einem hintereinandergeschalteten AND- und OR-Feld, die Polynome der Form $f_i = m_{i_1} + \ldots + m_{i_k}$ mit m_{i_q} aus $\{m_1, \ldots, m_s\}$ realisieren. Enthält ein Monom m_j k Literale, so werden k Transistoren in der jeweiligen Zeile des AND-Felds benötigt. Wenn die Beschreibung einer Schaltfunktion f aus p Monomen besteht, so werden p Transistoren in der entsprechenden Spalte des OR-Felds benötigt. Somit resultiert eine Fläche von ungefähr $m + 2n$, multipliziert

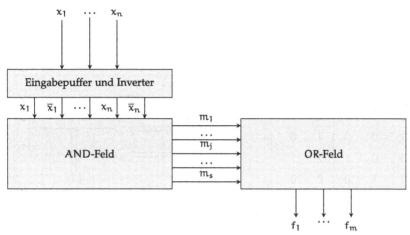

Abbildung 2.5 Grundprinzip eines PLA

mit der Anzahl der benötigten Monome. Ohne die Kapazitäten zu berücksichtigen resultiert darüber hinaus eine konstante Laufzeit [6]. In diesem Zusammenhang entsprechen die primären Kosten aus Definition 2.20 der Anzahl der benötigten Zeilen eines PLA, um Polynome zu realisieren. Die sekundären Kosten sind die Anzahl der benötigten Transistoren im PLA.

Beispiel 2.14 Die Abbildung 2.6 zeigt die direkte Realisierung von DNFs in einem PLA. Seien hierzu die Schaltfunktionen $f_1, f_2 \in \mathcal{B}_3$ durch die TT in Abbildung 2.6a dargestellt. Gemäß Proposition 2.4 wird zunächst die KDNF für $f_1 = x_1\bar{x}_2\bar{x}_3 + x_1\bar{x}_2x_3 + x_1x_2x_3$ sowie anschließend $f_2 = \bar{x}_1x_2x_3 + x_1\bar{x}_2x_3 + x_1x_2x_3$ „abgelesen". Via Quine/McCluskey bzw. Gesetz 2.9 (Resolution) können die DNFs zu $f_1 = x_1\bar{x}_2 + x_1x_3$ und $f_2 = x_2x_3 + x_1x_3$ vereinfacht werden. Diese Minimalpolynome können dann mit vergleichsweise geringeren Kosten direkt in ein PLA, dargestellt in Abbildung 2.6b, überführt werden. Die dort dargestellten Gatter sind über Kreuzungspunkte elektronisch miteinander verbunden, um das Verhalten der Schaltfunktionen zu realisieren.

Bemerkung. In Abhängigkeit zum zu realisierenden Polynom kann durch Faltung eines PLA Fläche eingespart werden, indem überflüssige Leitungen gestrichen bzw. in Freiräume gelegt werden.

x_1	x_2	x_3	f_1	f_2
0	0	0	0	0
0	0	1	0	0
0	1	0	0	0
0	1	1	0	1
1	0	0	1	0
1	0	1	1	1
1	1	0	0	0
1	1	1	1	1

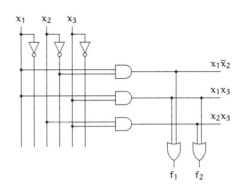

(a) Repräsentierte Schaltfunktionen durch eine
TT

(b) Realisierung von Schaltfunktionen in einem
PLA

Abbildung 2.6   Realisierung von DNFs in einem PLA

PLAs sind mittlerweile durch CPLDs ersetzt worden bzw. in Form der AND/OR-Felder deren kombinatorischer Bestandteil. CPLDs haben wie PLAs keine Einschränkungen im Eingangsbereich, sind elektrisch programmierbar sowie löschbar. Darüber hinaus besitzen sie frei miteinander zu verbindende Register und können wie FPGAs mittels Hardwarebeschreibungssprachen wie VHDL programmiert werden. CPLDs zeichnen sich insbesondere dadurch aus, dass sie nach Zuschalten der Spannung sofort betriebsbereit sind. Der Grund dafür sind die eingesetzten Matrixfelder, die eine einfache interne Verdrahtung ermöglichen, sodass die Signallaufzeiten leichter abzuschätzen sind [90]. Im Vergleich zu z. B. FPGAs müssen somit nicht mehrere Lookup-Tabellen baumartig verschaltet werden. Daher sind sie u. a. in FPGAs als Konfigurationslogik zu finden oder dienen als Speichercontroller für mehrere CPUs [74].

Bemerkung. Parity-NFs werden u. a. beim Entwurf leicht zu testender Schaltungen eingesetzt, da sie die Eigenschaft besitzen, dass sich ihr Funktionswert mit genau einem Eingabebit ändern kann [84]. Zudem bilden die $(\oplus)$- und $(\cdot)$-Operation gemeinsam mit $\mathbb{B}$ einen Körper, sodass Werkzeuge aus der Körpertheorie im Kontext von Schaltfunktionen angewendet werden können.

Im Allgemeinen sind zweistufige NFs tief erforscht. Während kanonische NFs aufgrund ihrer sehr großen Kosten in der Praxis nur für Schaltfunktionen mit wenigen Eingängen einsetzbar sind, kann auch ohne Forderung dieser Eigenschaft beim Übergang zu mehrstufigen Formen in mehreren Fällen eine kompaktere Darstellung für Schaltfunktionen gefunden werden.

2.1.4.3 Schaltkreise

Bei mehrstufigen Darstellungen findet eine iterative Anwendung einer vorgegebenen Menge von Operationen statt, wobei in jeder Stufe jeweils eine solche ausgeführt wird. Es wird also eine (kombinatorische) *Bibliothek* Bib benötigt, die für alle Elemente (Gatter) $b \in Bib$ $d_{in}(b)$ (Eingänge), $d_{out}(b)$ (Ausgänge) und $g_b : \mathbb{B}^{d_{in}(b)} \to \mathbb{B}^{d_{out}(b)}$ ermöglichen kann.

Definition 2.22 Sei $SK = (\overrightarrow{X_n}, G, type, in, out, \overrightarrow{Y_m})$ ein *Digraph* mit folgenden Eigenschaften:

$G = (V, E)$ ist zyklefrei.
$\overrightarrow{X_n} := (x_1, \dots, x_n)$ sind *primäre Eingänge* (PIs).
$\overrightarrow{Y_m} := (y_1, \dots, y_m)$ sind *primäre Ausgänge* (POs).
$(\mathbb{B} \cup X_n \cup Y_m) \subset V$, wobei 0, 1 konstante Signale sind.
$I := V \backslash (\mathbb{B} \cup X_n \cup Y_m)$ bzw. $I = S \cup M$ mit $S \cap M = \emptyset$ sind innere Knoten, wobei S Signalknoten und M Modulknoten bezeichnet.
$\forall s \in S : indeg(s) = 1$ und $type : M \to Bib$.
Kanten E verbinden Ports und Modulknoten bzw. Eingabeknoten und Funktionsknoten mit Signalknoten, wobei die Anordnung durch $in : V \backslash S \to S^*$ mit $in(m) \in S^{indeg(m)}$ sowie durch $out : V \backslash S \to S^*$ mit $out(m) \in S^{outdeg(m)}$ gegeben ist.

Jeder Knoten in SK repräsentiert eine Schaltfunktion bzw. kann jedem SK eine solche mittels induktiver Anwendung der folgenden Regeln zugeordnet werden:

Definition 2.23 Sei $\alpha \in \mathbb{B}^n$ mit $\alpha = (\alpha_1, \dots, \alpha_n)$. Gemäß Substitution von α gilt $\Phi_\alpha : X_n \cup S \cup Y_m \to \mathbb{B}$ mit

$\Phi_\alpha(x_i) = \alpha_i$,
$\Phi_\alpha(s) = \Phi_\alpha(x_i)$ für das Ausgangssignal s des PI x_i,
$\Phi_\alpha(0) = 0$,
$\Phi_\alpha(1) = 1$,

$(\Phi_\alpha(t_1), \ldots, \Phi_\alpha(t_l)) := g_{\text{type}(m)}(\Phi_\alpha(s_1), \ldots, \Phi_\alpha(s_k))$ für Modulknoten m mit $(t_1, \ldots, t_l) = \text{out}(m)$, $(s_1, \ldots, s_k) = \text{in}(m)$ und weiterhin $\Phi_\alpha(y_i) = \Phi_\alpha(s)$ für das Eingangssignal s des PO y_i.

Die Berechnung von Φ_α ist die *Simulation* eines SK für eine Belegung α. Im Allgemeinen besteht ein Interesse an nur einigen wichtigen dargestellten Schaltfunktionen. Die an einem Signal s bez. eines PI x_i bzw. PO y_i berechnete Schaltfunktion ist $\Psi(s)(\alpha) := \Phi_\alpha(s)$ für ein beliebiges $\alpha \in \mathbb{B}^n$ mit $\alpha = (\alpha_1, \ldots, \alpha_n)$. Die durch den SK berechnete Funktion ist somit $f_{SK} := (\Psi(y_1), \ldots, \Psi(y_m))$. In dem Kontext benutzt die *symbolische Simulation* eines SK keine festen booleschen Werte an Eingängen, sondern boolesche Variablen. In Anlehnung zu Abschnitt 2.1.2 wird dann zu jedem Signal die Schaltfunktion bspw. in Form eines BE bestimmt, der dann das jeweilige Signal berechnet.

Beispiel 2.15 Sei der *Volladdierer* (FA) zur Addition zweier 1-Bit-Zahlen a und b mit Eingangsübertrag c_{in} in Abbildung 2.7 gegeben, der $fa : \mathbb{B}^3 \rightarrow \mathbb{B}^2$ mit $fa(a, b, c_{in}) = (c_{out}, s)$ über der Bibliothek $Bib = \{+, \cdot, \overline{}, \oplus\}$ berechnet. Die Abbildung 2.7a zeigt die dazugehörige Funktionstabelle des FA. Der Ausgang s kennzeichnet dabei das LSB des Ergebnisses. Die abhängige Variable c_{out} beschreibt das *höchstwertige Bit* (MSB) des Resultats. Wenn also z. B. c_{in} aufgrund einer vorhergehenden Addition gesetzt ist und die Binärzahlen $a = 1$ und $b = 0$ gelten, dann wird zu 10 evaluiert. Zwei *Halbaddierer* (HAs) gehören zu einem FA,

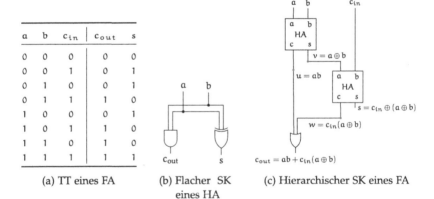

a	b	c_{in}	c_{out}	s
0	0	0	0	0
0	0	1	0	1
0	1	0	0	1
0	1	1	1	0
1	0	0	0	1
1	0	1	1	0
1	1	0	1	0
1	1	1	1	1

(a) TT eines FA   (b) Flacher SK eines HA   (c) Hierarchischer SK eines FA

Abbildung 2.7 Symbolische Simulation eines FA

wobei ein HA in Abbildung 2.7b ersichtlich ist. Im Gegensatz zum FA werden mit einem HA 1-Bit-Zahlen ohne Eingangsübertrag addiert. Dieser wird als flacher Teil-SK in Abbildung 2.7c durch das Symbol HA ersetzt. In dem dort repräsentierten hierarchischen arithmetischen SK wird eine symbolische Simulation, bei den PIs beginnend, durchgeführt. Die hervorgehobenen Signalknoten u, v, w repräsentieren die Zwischenergebnisse. Letztendlich resultieren die BEs c_{out} und s.

Die Performanz eines SK wird mit seinen *Kosten* sowie seiner jeweiligen *Tiefe* angegeben.

Definition 2.24 Die *Kosten* von SK über Bib sind gegeben durch $cost(SK) :=$ Anzahl Modulknoten.

Definition 2.25 Die *Tiefe* $depth(SK)$ von SK wird durch die Anzahl seiner Modulknoten auf dem längsten Pfad von einem PI zu einem PO spezifiziert.

Bemerkung. Die Kosten einer SK-Realisierung für eine beliebige Schaltfunktion können durch $n + n2^n$, die Tiefe durch $n + \lceil log_2(n) \rceil + 1$ abgeschätzt werden [5].

Während sich Kosten auf den zu verwendeten Platz beziehen, ist die Tiefe, d. h. die Anzahl der Stufen, ein Maß für Geschwindigkeit.

Beispiel 2.16 Der HA in Abbildung 2.7b besitzt $cost(HA) = 2$ und $depth(HA) = 1$. Für den in Abbildung 2.7c gezeigten FA gelten wiederum $cost(FA) = 5$ und $depth(FA) = 3$.

Neben u. a. einem Multiplizierer und MUX sind Addierer grundlegende SKs im Chipdesign. Um mehrstellige Dualzahlen addieren zu können, werden FAs in der Praxis zusammengeschaltet.

Definition 2.26 Ein n-*Bit-Addierer* ist ein arithmetischer SK, der die folgende Schaltfunktion berechnet:

$$+_n : \mathbb{B}^{2n+1} \to \mathbb{B}^{n+1},$$

$$(a_{n-1}, \ldots, a_0, b_{n-1}, \ldots, b_0, c) \mapsto (s_n, \ldots, s_0) \text{ mit}$$

$$\langle s \rangle = \langle s_n \ldots s_0 \rangle = \langle a_{n-1} \ldots, a_0 \rangle + \langle b_{n-1} \ldots b_0 \rangle + c.$$

Verbundene FAs als sog. *Carry-Ripple-Addierer* (CRAs) können somit z. B. ein „Addieren nach der Schulmethode", bei dem das Übertragsbit „durchgetragen" wird, realisieren. Durch eine simultane Vorausberechnung der Summen-Bits, als sog. *Conditional-Sum-Addierer* realisiert, sind Verbesserungen möglich. Somit wird bspw. über die Selektion des richtigen Teilergebnisses über MUXs eine Tiefe von $\mathcal{O}(\log n)$ anstelle einer linearen Tiefe wie beim CRA ermöglicht. Allerdings resultieren – anstelle linearer Kosten – Kosten von $\mathcal{O}(n \log n)$. Weitere Verbesserungen dieser zur Erreichung linearer Kosten sind durch eine parallele Präfix-Berechnung bez. des Übertragsbits durch den sog. *Carry-Lookahead-Addierer* möglich [70].

In Abhängigkeit zur verwendeten Bibliothek Bib existiert für jede Schaltfunktion $f \in \mathcal{B}_{n,m}$ mindestens ein SK, der f berechnet.

Definition 2.27 Eine Bibliothek Bib heißt *vollständig*, wenn jede Funktion $f \in \mathcal{B}_{n,m}$ durch SK über Bib dargestellt werden kann.

Beispiel 2.17 Die Standardbibliothek $\{+, \cdot, ^-\}$ ist vollständig, weil jede Schaltfunktion gemäß Abschnitt 2.1.4.2 durch eine NF bzw. einen SK der Tiefe 2 repräsentiert werden kann. In diesem Kontext zeigt Abbildung 2.8 die dazugehörigen verwendeten Gatter bzw. Knoten dieser Basisoperationen: 1. Disjunktion (vgl. Abbildung 2.8a), 2. Konjunktion (vgl. Abbildung 2.8b) und 3. Negation (vgl. Abbildung 2.8c). Analog ist auch die Bibliothek $\{\cdot, \oplus\}$ vollständig, da jede Schaltfunktion durch eine RNF repräsentiert werden kann. In Anlehnung zu Abschnitt 2.1.1 bzw. Gesetz 2.4 (De Morgan) sind auch die Bibliotheken $\{\cdot, ^-\}$ und $\{+, ^-\}$ universell. Die Bibliothek $\{+, \cdot\}$ ist hingegen nicht vollständig, weil unter ihrer Verwendung nur monoton wachsende Funktionen erzeugt werden können [84].

Es kann leicht beobachtet werden, dass dieser Darstellungstyp nicht eindeutig ist. Die Abbildung 2.9 zeigt zwei unterschiedliche SKs, die unter Beachtung von Gesetz 2.4 dieselbe Schaltfunktion repräsentieren. Entsprechend besitzt auch hier der *Äquivalenztest* – analog zu NFs – eine für viele Eingänge nicht-praktikable Zeitkomplexität.

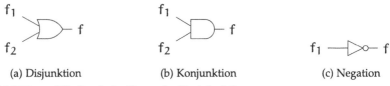

(a) Disjunktion   (b) Konjunktion   (c) Negation

Abbildung 2.8 Logische Gatter der Basisfunktionen

(a) $f_1 = \overline{x_1 x_2}$ (b) $f_2 = \overline{x}_1 + \overline{x}_2$

Abbildung 2.9   Verschiedene SKs für eine Schaltfunktion

Theorem 2.11   Das Problem 2.10 $\mathrm{EQUIV}_{\mathcal{SK}}$ über $\mathtt{Bib} = \{+, \cdot, ^-\}$ ist $\mathcal{CO} - \mathcal{NP}$-vollständig.

Beweis. Zeige zunächst, dass $\mathrm{EQUIV}_{\mathcal{SK}}$ in $\mathcal{NP}$ liegt. Da sich die jeweiligen Funktionswerte von SK offensichtlich durch einen Simulationsschritt in Polynomialzeit auswerten lassen, ist $\mathrm{EQUIV}_{\mathcal{SK}}$ in $\mathcal{NP}$. Zeige nun $\mathrm{EQUIV}_{\mathcal{DNF}} \leqslant_p \mathrm{EQUIV}_{\mathcal{SK}}$. Aufgrund der Polynomialzeitreduktion bez. Theorem 2.7 folgt unmittelbar eine Konstruktion, welche jede Disjunktion sowie auch Konjunktion durch einen entsprechenden SK-Knoten implementiert. $\square$

Korollar 2.11.1   Das Problem 2.1 $\mathrm{EVAL}_{\mathcal{SK}}$ über $\mathtt{Bib} = \{+, \cdot, ^-\}$ ist in polynomieller Zeit berechenbar.

Dieser Darstellungstyp zieht seinen Vorteil – analog zu den BEs – aus der Logiksynthese, d. h. es besteht ein Interesse an Darstellungen mit möglichst wenigen Knoten und kurzen Pfaden. In dem Kontext hat z. B. der realisierte SK aus Abbildung 2.9a im Vergleich zum dargestellten SK aus Abbildung 2.9b geringere Kosten aufzuweisen. Aufgrund der Tatsache, dass NFs spezielle SKs darstellen, sind die Kosten einer Schaltfunktion über die Standardbibliothek nie größer als das Minimalpolynom. In einigen Fällen können darüber hinaus deutlich kompaktere Repräsentationen erhalten werden, u. a. auch durch die Wiederverwendung von Teil-SKs [84].

Aufgrund der Eigenschaft des erlaubten beliebigen Ausgangsgrads wird eine bestimmte Kompaktheit erreicht, da Funktionswerte von Knoten als Eingaben für beliebige Folgeknoten dienen und dementsprechend mehrfach benutzt werden können. Allerdings erschwert diese Eigenschaft auch die algorithmische Handhabbarkeit, weshalb sog. *Out-Bäume* eingeführt und untersucht wurden [84].

Definition 2.28 Ein azyklischer Digraph $G = (V, E)$ über Bib mit

$\mathrm{outdeg}(v) \leqslant 1 \, \forall v \in V$ und
$\exists! v : \mathrm{outdeg}(v) = 0$ (Wurzel)

heißt *Out-Baum*. Die Quellen eines Out-Baums sind dabei die Knoten v mit $\mathrm{indeg}(v) = 0$ und werden als *Blätter* bezeichnet. Darüber hinaus heißt ein Out-Baum *binär*, wenn $\mathrm{indeg}(v) = 2$ für alle Knoten gilt, die keine Blätter sind.

Bemerkung. Wenn die Orientierung des Out-Baums umgedreht wird, so resultiert ein In-Baum.

Beispiel 2.18 Ein Out-Baum des aus Abbildung 2.7c hervorgehenden FA ist in Abbildung 2.10 ersichtlich.

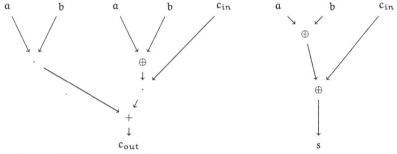

Abbildung 2.10 Out-Baum eines FA

Obwohl bspw. der Nachweis unterer Schranken für die Darstellungsgröße bei Verwendung von Out- bzw. In-Bäumen einfacher als bei SKs ist, gilt ebenso, dass der Äquivalenztest $\mathcal{CO} - \mathcal{NP}$-vollständig ist [84]. Als oftmals geeignetere Struktur bieten sich BDDs an, die im nächsten Abschnitt diskutiert werden.

2.2 BDDs

Aufgrund der in Abschnitt 2.1 diskutierten nicht vollends zufriedenstellenden Möglichkeiten der dort vorgestellten Darstellungstypen führte C. Lee [75] im Jahr 1959

BDDs als BPs für Schaltfunktionen ein. 1978 untersuchten S. Fortune, J. Hopcroft und E. Schmidt [42] eine Variante von OBDDs und haben u. a. gezeigt, dass die *Synthese* (vgl. Problem 2.8) und der *Äquivalenztest* (vgl. Problem 2.10) effizient möglich sind. R. Bryant [17] führte dann im Jahr 1986 ROBDDs als Datenstruktur für Schaltfunktionen ein, die auch heutzutage im modernen VLSI CAD zu finden sind.

DDs werden oft eingesetzt, wenn Elemente einer Menge klassifiziert werden [107]. Im Kontext von Schaltfunktionen kann dies als *Auswertung* (vgl. Problem 2.1) verstanden werden, d. h. das Diagramm wird Kante für Kante „abgelaufen" und getestet, ob das i-te Eingabebit x_i zu 0 oder 1 führt.

Definition 2.29 Ein *DD* über einer Trägermenge D und Wertemenge C ist ein zusammenhängender und azyklischer Digraph $G = (V, E)$ mit folgenden Merkmalen:

Knoten $v \in V$ ohne ausgehende Kanten sind *Senken* (*Blätter*), die mit einem Element aus C markiert sind.

Ein *nicht-terminaler* (*innerer*) Knoten $v \in V$ ist mit einem Träger $d \in D$ markiert und hat in Abhängigkeit zur Anzahl möglicher Entscheidungen direkte *Nachfolger* („*Kinder*").

Die Kantenmenge E besteht aus allen Paaren $(v, v') \in V$, wobei v' das Kind des Elternteils v ist und daher *referenziert* wird.

Bemerkung. Ein Knoten in einem DD darf im Gegensatz zu einem Entscheidungsbaum mehr als einen Vorgänger haben. Zudem ist es gestattet, einen Knoten mit dem gleichen Träger mehr als einmal auf einem Pfad zu lesen.

Wenn unter Betrachtung von Definition 2.29 eine Menge von Entscheidungsvariablen $D := X_n = \{x_1, \ldots, x_n\}$ und zusätzlich der Wertebereich $C := \mathbb{B}$ gesetzt wird, so resultiert die folgende Definition:

Definition 2.30 Ein *BDD* ist ein DD über $D := X_n$, in dem die Senken mit 0 oder 1 markiert sind, d. h. $C := \mathbb{B}$ gilt. Mit $\mathrm{var} : V \to X_n \cup \mathbb{B}$ wird jedem Knoten $v \in V$ eine Markierung zugewiesen. Eine Funktion f_v eines Knotens v wird wie folgt interpretiert:

Wenn v mit $c \in \mathbb{B}$ markiert ist, so beschreibt die Senke die konstante Funktion, die jedes Argument auf c abbildet.

Ist v ein innerer Knoten, dann ist er mit einer Entscheidungsvariable $x_i \in X_n$ ($1 \leqslant i \leqslant n$), d.h. $var(v)$, markiert, wobei diese nach der Shannon-Dekomposition (vgl. Theorem 2.2) durch $f_v = (x_i \cdot f_{high(v)}) + (\overline{x}_i \cdot f_{low(v)}) = (var(v), high(v), low(v))$ zerlegt wird. Dabei bezeichnet $high(v)$ das mit einer 1-Kante zu erreichende *high-Kind* und $low(v)$ das mit einer 0-Kante zu erreichende *low-Kind* von f_v.

Bemerkung. Die Definition 2.30 ist nur eine anschaulichere Definition über gerichtete Graphen im Vergleich zu BPs, deren Begriff besonders in der Komplexitätstheorie als nicht-uniformes Berechnungsmodell benutzt wird. BDDs und BPs sind somit äquivalent.

Durch die sukzessive Wahl der Zerlegungsvariablen und rekursive Anwendung der Shannon-Dekomposition wird also ein BDD für die zu betrachtende Schaltfunktion top-down aufgebaut.

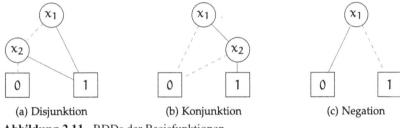

    (a) Disjunktion   (b) Konjunktion   (c) Negation

Abbildung 2.11 BDDs der Basisfunktionen

Beispiel 2.19 BDDs für Basisfunktionen sind in Abbildung 2.11 gegeben: 1. Disjunktion (vgl. Abbildung 2.11a), 2. Konjunktion (vgl. Abbildung 2.11b) und 3. Negation (vgl. Abbildung 2.11c). Die Referenzierung bzw. Richtung ist typischerweise mit durchgezogenen Kanten (1-Kanten) und gestrichelten Kanten (0-Kanten) gekennzeichnet.

Unter Verwendung der Shannon-Dekomposition folgt automatisch:

Theorem 2.12 Jede Schaltfunktion $f \in \mathcal{B}_n$ kann durch ein BDD dargestellt werden.

Der „Rückweg" zur Ermittlung der Schaltfunktion erfolgt bottom-up, indem die Shannon-Entwicklung induktiv, ausgehend von den Senken, angewendet wird.

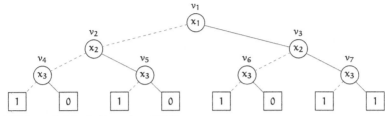

Abbildung 2.12 Aufbau eines BDD

Beispiel 2.20 Die Abbildung 2.12 zeigt ein durch Anwendung der Shannon-Dekomposition aufgebautes (vollständiges) BDD mit exakt $2^n - 1$ ($n = 3$) inneren Knoten. Die Eingabe $x_1 = 1, x_2 = 1, x_3 = 1$ bzw. die *aktiven* Kanten sind entsprechend hervorgehoben, d. h. es wird via „Durchquerung" in Abhängigkeit zu n zu $f_{v_1}(1, 1, 1) = 1$ ausgewertet. Um f_{v_1} zu erhalten, wird die Shannon-Entwicklung entsprechend induktiv angewendet und – wenn möglich – resultierende Zwischenergebnisse mithilfe der Regeln der booleschen Algebra aus Abschnitt 2.1.1 vereinfacht:

$$f_{v_7} = x_3 \cdot (1) + \overline{x}_3 \cdot (1) = 1$$

$$f_{v_6} = f_{v_5} = f_{v_4} = x_3 \cdot (0) + \overline{x}_3 \cdot (1) = \overline{x}_3$$

$$f_{v_3} = x_2 \cdot (f_{v_7}) + \overline{x}_2 \cdot (f_{v_6}) = x_2 + \overline{x}_2 \cdot \overline{x}_3 = x_2 + \overline{x}_3$$

$$f_{v_2} = x_2 \cdot (f_{v_5}) + \overline{x}_2 \cdot (f_{v_4}) = x_2 \cdot \overline{x}_3 + \overline{x}_2 \cdot \overline{x}_3 = \overline{x}_3$$

$$f_{v_1} = x_1 \cdot (f_{v_3}) + \overline{x}_1 \cdot (f_{v_2}) = x_1(x_2 + \overline{x}_3) + \overline{x}_1(\overline{x}_3) = x_1 x_2 + \overline{x}_3$$

Das vorige Beispiel zeigt infolge der Shannon-Entwicklung die Bildung eines Polynoms. Die KDNF (KCNF) kann berechnet werden, indem zu jedem Pfad von der Wurzel zur 1-Senke (0-Senke) der zugehörige Minterm (Maxterm) bestimmt wird. Darüber hinaus sind weitere Überführungen in andere Darstellungstypen, d. h. auch in die aus Abschnitt 2.1.4 diskutierten Repräsentationsformen, möglich. Hierzu zeigt Abbildung 2.13 verschiedene Möglichkeiten auf. Hinsichtlich der Semantik kann sich ein BDD z. B. als „gekippte" Wahrheitstabelle vorgestellt werden. In diesem Zusammenhang zeigt Abbildung 2.13a in der letzten Zeile den Pfad des in Abbildung 2.12 dargestellten BDD. Eine Transformation in ein BP ist aufgrund der Entschei-

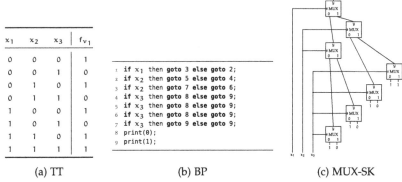

x_1	x_2	x_3	f_{v_1}
0	0	0	1
0	0	1	0
0	1	0	1
0	1	1	0
1	0	0	1
1	0	1	0
1	1	0	1
1	1	1	1

```
1  if x1 then goto 3 else goto 2;
2  if x2 then goto 5 else goto 4;
3  if x2 then goto 7 else goto 6;
4  if x3 then goto 8 else goto 9;
5  if x3 then goto 8 else goto 9;
6  if x3 then goto 8 else goto 9;
7  if x3 then goto 9 else goto 9;
8  print(0);
9  print(1);
```

(a) TT   (b) BP   (c) MUX-SK

Abbildung 2.13 Transformationen von BDDs

dungsstruktur direkt möglich und wird in Abbildung 2.13b gezeigt. Hierzu wird lediglich jeder innere Knoten im BDD in eine entsprechende Kontrollstruktur (if-then-else) übersetzt. Die Senken sind wiederum für die entsprechende Ausgabe am Ende zuständig, wenn einem Pfad gefolgt wird. Im Kontext der Logiksynthese kann die Entscheidungsstruktur auch beibehalten werden, da die Umformung mittels der Shannon-Dekomposition über einer vollständigen Bibliothek als ein 2×1 MUX verstanden werden kann.

Definition 2.31 Ein n-Bit MUX MUX_n ist ein SK, der die Schaltfunktion $sel_n :$ $\mathbb{B}^{2n+1} \to \mathbb{B}^n$ mit

$$sel_n(a_{n-1}, \ldots, a_0, b_{n-1}, \ldots, b_0, s) = \begin{cases} (a_{n-1} \ldots a_0) & \text{falls } s = 1 \\ (b_{n-1} \ldots b_0) & \text{falls } s = 0, \end{cases}$$

d. h. $(sel_n)_i = s \cdot a_i + \bar{s} \cdot b_i$ berechnet.

Die Abbildung 2.14 zeigt in diesem Kontext die Realisierung eines 2×1 MUX. Während Abbildung 2.14a und Abbildung 2.14b das Schaltbild und -symbol repräsentieren, stellt Abbildung 2.14c das Verhalten in Form einer TT dar. Es ist leicht ersichtlich, dass das Steuersignal s darüber entscheidet, ob der Wert von a oder b durchgeschaltet wird. Es symbolisiert dabei genau das Signal, nach dem die Zerlegung durchgeführt wird, d. h. für $v = (var(v), high(v), low(v))$ folgt $x_i \cdot high(v) + \bar{x}_i \cdot low(v)$ mit $s = x_i := var(v)$, $b := high(v)$ und $a := low(v)$.

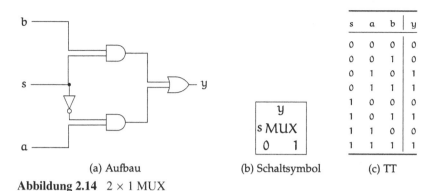

s	a	b	y
0	0	0	0
0	0	1	0
0	1	0	1
0	1	1	1
1	0	0	0
1	0	1	1
1	1	0	0
1	1	1	1

(a) Aufbau   (b) Schaltsymbol   (c) TT

Abbildung 2.14 2×1 MUX

Daher kann ein Knoten eines BDD als MUX repräsentiert werden, wozu nachfolgende Schritte für diese Transformation notwendig sind:

1. Substituiere jeden inneren Knoten durch einen MUX.
2. Ersetze die 0-Senke durch GND, die 1-Senke durch VDD, d. h. repräsentiere eine negative bzw. positive Versorgungsspannung.
3. Invertiere die Richtungen der Kanten.
4. Spezifiziere die Wurzel als Ausgabe.

Daher werden BDDs auch als *mehrstufige* SKs aufgefasst. In Abbildung 2.13c sind die dazu führenden Transformationsschritte für mehrere Knoten dargestellt. Auch im Bereich *Design for Testability* ist diese Transformation bedeutsam, da durch einen zusätzlichen Inverter und Eingang eine vollständige Testbarkeit infolge einer Testmusterberechnung mit kubischem Zeitaufwand erreicht werden kann, weil Probleme mit Rekonvergenzen dadurch behoben werden können, dass nur ein Wert zur Zeit durch einen MUX weitergeschaltet wird [37].

Um BDDs zu charakterisieren und Eigenschaften wie die Kompaktheit zu untersuchen, helfen folgende Begriffe:

Definition 2.32 Sei G ein BDD. Dann gilt:

Die *Größe* $|G|$ entspricht der Anzahl innerer Knoten von G und bezeichnet dessen Kosten $\text{cost}(G)$.
Die *Tiefe* $\text{depth}(G)$ ist die Kantenanzahl auf dem längsten Pfad.

Das *Level* LVL(i) := {v ∈ V | var(v) = x$_i$} ist die Menge aller Knoten in G,
die mit der Variable x$_i$ markiert sind.
Die *Levelgröße* |LVL(i)| ist die Kardinalität dieser Levelmenge.
Das *Niveau* NVU(k) enthält alle Knoten, die in G von der Wurzel durch einen
Pfad der Länge k − 1 erreichbar sind.
Die maximale Kardinalität |NVU(k)| eines Niveaus heißt *Breite*.

G heißt k-*breitenbeschränkt*, wenn jedes Niveau höchstens die Kardinalität k hat. G
heißt *synchron*, wenn für jeden Knoten v jeder Pfad von der Wurzel zu v die gleiche
Länge hat.

Beispiel 2.21 Für den in Abbildung 2.12 dargestellten BDD G gelten u. a. folgende
Daten:

|G| = 7,
depth(G) = 3,
LVL(3) = {v$_4$, v$_5$, v$_6$, v$_7$},
|LVL(3)| = 4,
NVU(2) = {v$_1$, v$_2$, v$_3$} und
|NVU(2)| = 3.

Darüber hinaus ist G synchron.

Die Definition 2.30 erlaubt es, dass ein Knoten v mehrere Vorgänger haben darf,
d. h. es kann mehrere eindeutige Pfade geben, die von der Wurzel zu v führen, womit
Knoten (bis auf die Wurzel) einen Eingangsgrad haben dürfen, der größer ist als
1. Insbesondere dadurch wird Kompaktheit unterstützt, da isomorphe Teilgraphen
verschmolzen werden können.

Beispiel 2.22 Die Abbildung 2.15 zeigt zwei BDDs, welche die Paritätsfunktion par$_4$ gemäß Gleichung 2.2 darstellen. Da es in dem in Abbildung 2.15a
dargestellten BDD G$_{par_4}$ in der Menge LVL(3) isomorphe Knoten gibt, können diese zusammengefasst werden. Die Abbildung 2.15b zeigt ein dazugehöriges
BDD G$'_{par_4}$ mit dementsprechend geringeren Kosten.

In vielen Fällen gibt es daher deutlich kompaktere Repräsentationen als das in
Abbildung 2.12 dargestellte vollständige BDD. Eine weitere Möglichkeit zur Minimierung der BDD-Kosten ist, die Reihenfolge der Partitionierungsvariablen in den

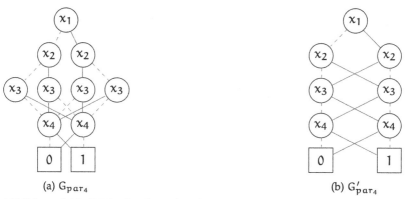

(a) G_{par_4}

(b) G'_{par_4}

Abbildung 2.15 BDDs für die Paritätsfunktion par_4

Subgraphen zu ändern, d. h. die Entscheidungsvariablen in einer anderen Reihenfolge konstant zu setzen.

$f_1 = x_1x_2x_3 + x_1x_2\overline{x}_3x_4 + x_1\overline{x}_2x_4 + \overline{x}_1\overline{x}_2x_4 + \overline{x}_1x_2\overline{x}_3x_4$ $f_2 = x_1x_4 + x_1x_2x_3\overline{x}_4 + \overline{x}_1\overline{x}_2x_4 + \overline{x}_1x_2\overline{x}_3x_4$

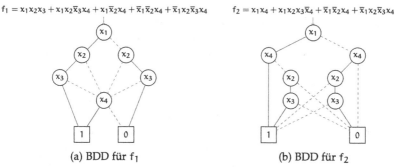

(a) BDD für f_1 (b) BDD für f_2

Abbildung 2.16 BDDs mit unterschiedlicher Partitionierung

Beispiel 2.23 In Abbildung 2.16 existieren zwei BDDs G_{f_1}, G_{f_2}, welche die Funktion $f \in \mathcal{B}_4$ mit $f(x_1, x_2, x_3, x_4) = x_1x_2x_3 + \overline{x}_2x_4 + \overline{x}_3x_4$ repräsentieren, jedoch unterschiedlich partitioniert sind. Sie unterscheiden sich hinsichtlich ihrer Kosten um 1.

Weiterhin können Schaltfunktionen $f \in \mathcal{B}_{n,m}$ kompakt in einem BDD dargestellt werden. In einem solchen Fall wird von einem *Shared BDD* (SBDD) gesprochen, da es mehr als eine Wurzel, d. h. in diesem Fall m Wurzeln, repräsentiert.

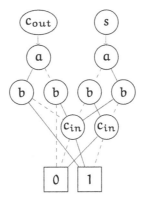

Abbildung 2.17   FA als SBDD

Beispiel 2.24   Sei der aus Abbildung 2.7c dargestellte FA gegeben. Die Abbildung 2.17 zeigt die Möglichkeit auf, dessen Komponenten, d. h. c_{out} und s, in einem SBDD mit den dazugehörigen zwei Wurzeln unterzubringen anstelle in zwei separaten BDDs.

Trotz der Möglichkeit kompakter Darstellungen aufgrund der allgemeinen Darstellungsform treten Schwierigkeiten bei der algorithmischen Handhabung bez. der Problemstellungen aus Abschnitt 2.1.2 auf. Die Definition 2.30 erlaubt, dass auf unterschiedlichen Pfaden gleiche Variablen mehrfach getestet werden dürfen, wobei vermeintlich redundante Tests im Allgemeinen nicht entfernt werden dürfen, ohne die Bedeutung des BDD zu ändern.

Beispiel 2.25   Die Abbildung 2.18 zeigt den mehrfachen Test der Variable x_2 auf (mindestens) einem Pfad des dort dargestellten BDD für eine jeweilige Schaltfunktion.

Bemerkung.   Bei der Bildung einer KDNF oder KCNF anhand eines BDD kann aufgrund des mehrfach erlaubten Auftretens einer Entscheidungsvariable das dazugehörige Monom möglicherweise 0 sein.

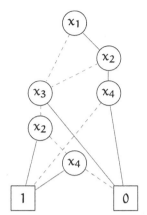

Abbildung 2.18 Multipler Variablentest auf einem BDD-Pfad

Aufgrund der Möglichkeit, dass Entscheidungsvariablen auf einem Pfad mehrfach getestet werden dürfen, folgt:

Theorem 2.13 Das Problem 2.2 $SAT_{\mathcal{BDD}}$ ist $\mathcal{NP}$-vollständig.

Beweis. Zeige zunächst, dass $SAT_{\mathcal{BDD}}$ in $\mathcal{NP}$ liegt. Rate hierzu eine erfüllende Belegung $\alpha \in \mathbb{B}^n$ und werte in $\mathcal{O}(\mathrm{depth}(BDD))$, d. h. in der Summe aller n Variablen, den Funktionswert der jeweiligen Schaltfunktion $f \in \mathcal{B}_n$ via Traversierung aus.

Reduziere nun $3 - SAT_{\mathcal{CNF}}$ (vgl. Problem 2.11) auf $SAT_{\mathcal{BDD}}$, d. h. es gilt $3 - SAT_{\mathcal{CNF}} \leqslant_p SAT_{\mathcal{BDD}}$. Sei also $CNF_f = t_1 \cdot \ldots \cdot t_m$, wobei hier $m \in \mathbb{N}$. Konstruiere BDD_f entsprechend Abbildung 2.19, sodass dann $CNF_f(\alpha) = 1 \Longleftrightarrow BDD_f(\alpha) = 1 \, \forall \alpha \in \mathbb{B}^n$. Verkette hierzu nun alle BDD_{t_i} ($1 \leqslant i \leqslant m$) via Ersetzung der 1-Senken in BDD_{t_i} durch $BDD_{t_{i+1}} \, \forall 1 \leqslant i < m$. $\square$

Bemerkung. Analog zu Theorem 2.13 kann gezeigt werden, dass SAT einer beliebigen Schaltfunktion $f \in \mathcal{B}_n$ zu entscheiden, auch auf der Darstellung als synchrones BDD $\mathcal{NP}$-vollständig ist [84].

$$(x_1 + \bar{x}_2 + x_3)(x_2 + x_3 + x_4)$$

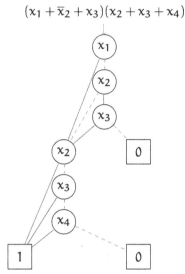

Abbildung 2.19 Konstruktion eines BDD aus einer CNF

Aus dem Beweis von Theorem 2.13 bzw. der Konstruktion gehen unmittelbar die folgenden Korollare hervor:

Korollar 2.13.1 Das Problem 2.1 $EVAL_{\mathcal{BDD}}$ kann mit einem Aufwand von $\mathcal{O}(\text{depth}(BDD))$ berechnet werden.

Korollar 2.13.2 Das Problem 2.8 $\otimes - SYN_{\mathcal{BDD}}$ mit $\otimes \in \{+, \cdot\}$ ist in $\mathcal{O}(|BDD_1| + |BDD_2|)$ berechenbar.

Bemerkung. Hinsichtlich Korollar 2.13.2 kann für alle booleschen Operationen (vgl. Tabelle 2.1) analog gezeigt werden, dass sie in Polynomialzeit berechenbar sind.

Bezüglich dem *Äquivalenztest* ist die Beobachtung ausreichend, dass das Komplement von $SAT_{\mathcal{BDD}}$ dem Test $EQUIV_{\mathcal{BDD}}$ auf die Nullfunktion entspricht.

Theorem 2.14 Das Problem 2.10 $EQUIV_{\mathcal{BDD}}$ ist $\mathcal{CO} - \mathcal{NP}$-vollständig.

Allgemeine BDDs haben aufgrund ihrer Ineffizienzen aus Theorem 2.13 und Theorem 2.14 als Datenstruktur für Schaltfunktionen in der Praxis keinen großen Stellenwert. Sie dienen vielmehr dazu, den Berechnungsaufwand von Funktionen möglichst genau bzw. mit unteren Schranken anzugeben und auf Berechnungsmodelle wie Turingmaschinen via Simulation zu übertragen. Eines der wichtigsten Komplexitätsmaße von BDDs ist daher deren Größe, da somit der Speicherplatzbedarf abgeschätzt werden kann. So konnte z. b. gezeigt werden, dass BDDs eine kompaktere Darstellung als BEs bieten und dass SKs mindestens so kompakt wie BDDs sind [102]. Letzteres Resultat ist wenig überraschend, da $\text{cost}(\text{MUX}_n) = 3n + 1$ bzw. ein 2×1 MUX bereits fixe Kosten von 4 aufweist.

Um besagte Probleme zu lösen und effiziente Algorithmen zu realisieren, sind Restriktionen notwendig. Neben allgemeinen BDDs haben sich insbesondere zwei darauf aufbauende Klassen in der Praxis als bedeutsam erwiesen: 1. *Freies BDD* (FBDD) und 2. OBDD. Beide Klassen werden im Kontext aufgeführter Probleme und der bisher festgestellten algorithmischen Ineffizienz im Folgenden durch Einführung dieser Restriktionen diskutiert, um letztendlich eine effiziente algorithmische Handhabung der Problemstellungen zu garantieren.

2.2.1 Freie BDDs

FBDDs wurden bereits im Jahr 1966 von A. Cobham [25] unter dem Begriff *Read-once DDs* untersucht. Im Unterschied zu allgemeinen BDDs ist es daher nicht erlaubt, eine Entscheidungsvariable auf einem Pfad mehrfach zu lesen.

Definition 2.33 Ein BDD heißt *frei*, wenn auf jedem Pfad von der Wurzel bis zu einer der Senken jede Variable höchstens einmal als Markierung vorkommt. Solche Pfade werden als *Berechnungspfade* bezeichnet, d. h. jede vorkommende Variable enthält genau den gespeicherten Wert seiner Kante.

Bemerkung. Wenn die Kofaktorberechnung (vgl. Problem 2.6) die multiple Entscheidung von allen Variablen auf jedem Pfad vermeidet, so resultiert automatisch ein FBDD. Zudem ist jeder Entscheidungsbaum offensichtlich ein FBDD.

Beispiel 2.26 In den Abbildungen 2.12, 2.15 und 2.16 sind FBDDs ersichtlich. Darüber hinaus ist der in Abbildung 2.12 hervorgehobene Pfad ein *Berechnungspfad*. Das in Abbildung 2.18 dargestellte BDD ist hingegen kein FBDD.

Wird Theorem 2.13 betrachtet, so kann festgestellt werden, dass SAT auf allgemeinen BDDs $\mathcal{NP}$-vollständig ist. Dies liegt im Wesentlichen an der strukturellen Eigenschaft, dass Variablen auf einem Pfad mehrfach vorkommen dürfen. Gemäß Definition 2.33 ist dies in FBDDs jedoch untersagt.

Theorem 2.15   Das Problem 2.2 $SAT_{\mathcal{FBDD}}$ kann in $\mathcal{O}(|FBDD|)$ entschieden werden.

Beweis. Finde einen Berechnungspfad zu einer 1-Senke via *Tiefensuche* (DFS) und unter Verwendung von Markierungen, um zu entscheiden, ob ein jeweiliges FBDD erfüllbar ist. Da das *Auswertungsproblem* offensichtlich durch $\mathcal{O}(n)$ beschränkt wird, weil es genügt, das jeweilige FBDD von der Wurzel bis zur Senke zu durchlaufen und die Markierung der Senke auszugeben, folgt die Behauptung.   □

Korollar 2.15.1   Das Problem 2.1 $EVAL_{\mathcal{FBDD}}$ ist in $\mathcal{O}(n)$ berechenbar.

Gemäß Korollar 2.13.2 können boolesche Operationen auf BDDs in Polynomialzeit durchgeführt werden. Für FBDDs ist die Berechnung jedoch (vermutlich) nicht effizient realisierbar.[2]

Problem 2.13   (Gemeinsamer Pfad $COMMON\_PATH_{\mathcal{R}}$)

Eingabe: Zwei Darstellungen $\mathcal{R}_f, \mathcal{R}_g$ für Schaltfunktionen $f, g \in \mathcal{B}_n$
Ausgabe: 1 falls simultan $\exists \alpha \in \mathbb{B}^n : f_{\mathcal{R}}(\alpha) = 1 \land g_{\mathcal{R}}(\alpha) = 1$, 0 sonst

Lemma 2.1 $COMMON\_PATH_{\mathcal{FBDD}}$ ist $\mathcal{NP}$-vollständig.

Beweis. Aus dem Beweis von Korollar 2.15.1 ist $EVAL_{\mathcal{FBDD}}$ in Polynomialzeit berechenbar. Daher gilt $COMMON\_PATH_{\mathcal{FBDD}} \in \mathcal{NP}$.

Aus dem Beweis von Theorem 2.13 geht die Konstruktion einer 3-CNF p zu einem BDD hervor. Es kann somit gefolgert werden, dass p erfüllbar ist gdw. eine Belegung $\alpha \in \mathbb{B}^n$ existiert, sodass $FBDD_1$ und $FBDD_2$ bez. p simultan zu 1 auswerten. Daraus folgt die Behauptung.   □

---

[2] Es gilt die Annahme $\mathcal{P} \neq \mathcal{NP}$.

Theorem 2.16 Das Problem 2.8 $(\cdot) - \text{SYN}_{\mathcal{FBDD}}$ ist $\mathcal{NP}$-hart.

Beweis. Entscheide $\text{COMMON\_PATH}_{\mathcal{FBDD}}$ über einen Algorithmus für $(\cdot) - \text{SYN}_{\mathcal{FBDD}}$ und $\text{SAT}_{\mathcal{FBDD}}$. Da $\text{COMMON\_PATH}_{\mathcal{FBDD}}$ gemäß Lemma 2.1 $\mathcal{NP}$-vollständig ist und $\text{SAT}_{\mathcal{FBDD}}$ aufgrund von Theorem 2.15 in polynomieller Laufzeit entschieden werden kann, folgt daraus die Behauptung. $\square$

Aufgrund dessen, dass durch Vertauschen der Senken das Komplement gebildet werden kann, gilt dies auch automatisch für andere boolesche Operationen.

Korollar 2.16.1 Das Problem 2.8 $\otimes - \text{SYN}_{\mathcal{FBDD}}$ ist $\mathcal{NP}$-hart.

Für das *Äquivalenzproblem* ist bis heute nicht bekannt, ob es – bezogen auf FBDDs – $\mathcal{NP}$-hart ist [102]. Jedoch ist es algorithmisch (vermutlich) nur schwer zu handhaben, da lediglich nur ein randomisierter Algorithmus für dieses Problem bekannt ist.

FBDDs werden insbesondere auch – wie allgemeine BDDs – zum Nachweis von Größenschranken für konkrete Schaltfunktionen benutzt. Im Allgemeinen sind FBDDs in ihrer Darstellungsgröße den weniger restriktiven BDDs unterlegen. Dennoch konnten bisher einige relevante untere Schranken mithilfe von diesem Modell nachgewiesen werden [84].

Im nächsten Abschnitt wird eine weitere Restriktion, nämlich die *Ordnung* eingeführt, um die algorithmische Handhabbarkeit im Kontext praxisrelevanter Probleme aus dem VLSI CAD zu untersuchen und deren Effizienz zu verbessern.

2.2.2 Geordnete BDDs (OBDDs)

Sowohl allgemeine BDDs als auch FBDDs waren aufgrund der beschriebenen Ineffizienzen im algorithmischen Umgang mit praxisrelevanten Problemen (vgl. z. B. Theorem 2.13 oder Theorem 2.16) zunächst ausschließlich von theoretischem Interesse. Im Jahr 1986 wurden diese Darstellungstypen von R. Bryant [17] durch die Beachtung einer *Ordnung* und *Reduktion* entscheidend verbessert, sodass ihr Einsatz im Bereich VLSI CAD möglich wurde. Beide Mechanismen werden im Folgenden vorgestellt.

Definition 2.34 Eine binäre Relation $<$ auf einer Grundmenge S heißt *strikte Totalordnung*, wenn $<$ folgende Eigenschaften aufweist:

$\forall x, y, z \in S : x < y \wedge y < z \Longrightarrow x < z$ (Transitivität) und
$\forall x, y \in S : x < y \oplus x = y \oplus y < x$ (Trichotomie).

Definition 2.35 Ein FBDD heißt *geordnet*, wenn auf jedem Pfad von der Wurzel bis zu einer der Senken die Variablen in der gleichen Reihenfolge abgefragt werden. Die Reihenfolge wird dabei durch eine strikte Totalordnung π auf den Variablen $x_1, \ldots, x_n$ definiert, d. h. für eine Kante von einem mit x_i markierten Knoten, die zu einem Knoten führt, der mit x_j markiert ist, gilt $x_i <_\pi x_j$ bzw. $\pi : x_i < x_j$.

Beispiel 2.27 Die Abbildung 2.20 zeigt einen Vergleich zwischen einem OBDD und FBDD. In diesem Kontext stellt Abbildung 2.20a ein OBDD mit $\pi : x_1 < x_4 < x_2 < x_3$ dar. Die Abbildung 2.20b verkörpert hingegen kein OBDD, weil die Ordnungsbedingungen verletzt werden. So gibt es mindestens zwei Berechnungspfade, die Variablen in einer unterschiedlichen Reihenfolge abfragen, d. h. es besteht $x_1 < x_4 < \ldots \neq x_1 < x_3 < \ldots$ in diesem Fall.

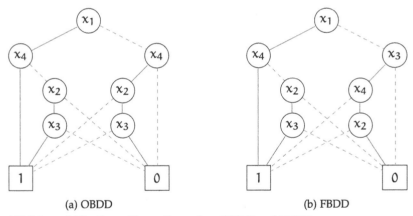

(a) OBDD   (b) FBDD

Abbildung 2.20 Gegenüberstellung eines OBDD und FBDD

Wird die Komplexität betrachtet, verhält sich ein OBDD zunächst ähnlich zu einem FBDD. So kann zunächst analog zu Theorem 2.15 und Korollar 2.15.1 festgestellt werden, dass sowohl SAT_{OBDD} als auch $EVAL_{OBDD}$ effizient berechnet werden können.

Theorem 2.17 Das Problem 2.2 $SAT_{\mathcal{OBDD}}$ kann in $\mathcal{O}(|OBDD|)$ entschieden werden.

Theorem 2.18 Das Problem 2.1 $EVAL_{\mathcal{OBDD}}$ ist in $\mathcal{O}(n)$ berechenbar.

Wird Abbildung 2.16 betrachtet, so kann festgestellt werden, dass mindestens eine Schaltfunktion existiert, die von zwei verschiedenen OBDDs dargestellt wird: Inwieweit ist der *Äquivalenztest* effizient ausführbar? Um einen Äquivalenztest mit polynomieller Laufzeit zu realisieren, kann für zwei Schaltfunktionen $f, g \in \mathcal{B}_n$, repräsentiert durch ein FBDD G und OBDD H sowie eine Variable x_i, Gleichung 2.3 zugrunde gelegt werden:

$$f = g \iff f_{x_i=1} = g_{x_i=1} \wedge f_{x_i=0} = g_{x_i=0}. \tag{2.3}$$

Algorithmisch kann eine Liste L von BDD-Paaren mit der vorliegenden Eigenschaft

$$f_G = f_H \iff \forall A, B \in L : f_A = f_B$$

verwendet werden, wobei diese zu Beginn mit $\{(G, H)\}$ initialisiert wird [84]. L kann während der Traversierung durch die folgenden Operationen geändert werden:

(1) Ein Paar aus L wird durch die Paare der Kofaktoren gemäß Gleichung 2.3 substituiert.
(2) Für zwei Paare $(A, B_1), (A, B_2) \in L$ gilt:

$$f_{B_1} \neq f_{B_2} \implies f_G \neq f_H$$
$$f_{B_1} = f_{B_2} \implies \text{Entferne eines der Paare.}$$

Ist L am Ende der Vergleiche also leer, so sind G und H äquivalent. Da OBDDs spezielle FBDDs sind, folgt:

Theorem 2.19 Das Problem 2.10 $EQUIV_{\mathcal{OBDD}}$ ist in polynomieller Zeit entscheidbar.

Im Gegensatz zu allgemeinen BDDs ist zunächst auch die Realisierung der boolleschen Operationen schwierig. Im Fall von OBDDs ist es entgegen des Beweises von Korollar 2.13.2 wie auch bei FBDDs nicht möglich, hierzu die 1-Senken zu substituieren, da auch hier jede Variable höchstens einmal auf jedem Pfad getestet werden darf. Ausgehend von einer nicht notwendigerweise identischen Variablenordnung geht aus einem Beweis in [46] hervor, dass die Entscheidung $OBDD_f \cdot OBDD_g = 0$ (f, g $\in \mathcal{B}_n$) $\mathcal{NP}$-hart ist. Also kann gefolgert werden, dass keine effiziente Berechnung möglich ist. Wird jedoch eine *identische* Variablenordnung für Operanden gefordert, so kann diese Komplexität verbessert werden. Im Gegensatz zu FBDDs (vgl. Lemma 2.1) sei zunächst festgehalten, dass das vorliegende Problem $COMMON\_PATH_{\mathcal{OBDD}}$ effizient berechenbar ist, wenn eine identische Variablenordnung gefordert wird.

Lemma 2.2 Das Problem 2.13 $COMMON\_PATH_{\mathcal{OBDD}}$ ist in Polynomialzeit berechenbar.

Beweis. Sei $\alpha \in \mathbb{B}^n$ und G_f, G_g zwei OBDDs für f, g $\in \mathcal{B}_n$. Die Variablenordnung sei o. B. d. A. $\pi : x_1 < \ldots < x_n$. Beginne einen simultanen Durchlauf an den Wurzeln von G_f sowie G_g und führe für jeden erreichten Knoten $v_f \in G_f$ und $v_g \in G_g$ eine Fallunterscheidung unter Beachtung der Variablenordnung durch. Sind beide Knoten mit x_i markiert, so kann gemäß α_i zu einem der Nachfolger gegangen werden. Ist v_f mit x_i und v_g mit x_j (i < j) markiert, so wird am Knoten $v_g \in G_g$ gewartet und zum jeweiligen Nachfolger von $v_f \in G_f$ gegangen. Gehe analog bei den übrigen Fällen vor. □

Die aus dem Beweis berechneten Funktionswerte f(α) und g(α) bzw. Senken-Markierungen können entsprechend durch einen Operator $\otimes \in \mathcal{B}_2$ verknüpft, d. h. $(f \otimes g)(\alpha)$ berechnet werden. Diese Idee bildet den Grundstein, um das *kartesische Produkt* bzw. einen *Produktgraphen* aus zwei OBDDs zu konstruieren.

Theorem 2.20 Das Problem 2.8 $\otimes - SYN_{\mathcal{OBDD}}$ ist für f, g $\in \mathcal{B}_n$ in $\mathcal{O}(|OBDD_f| \otimes |OBDD_g|)$ berechenbar.

Beweis. Seien G_f, G_g zwei OBDDs für f, g $\in \mathcal{B}_n$. Es gilt o. B. d. A. $\pi : x_1 < \ldots < x_n$. Wende die simultane Berechnung aus dem Beweis von Lemma 2.2 für jeden Pfad paarweise für jeden Knoten (v_f, v_g) an. Nehme hierzu die Existenz einer CT der Größe $|G_f||G_g|$ an, in der bereits berechnete Teile des konstruierten OBDD zur Wiederverwendung abgelegt werden. Sie enthält dabei für jedes Knotenpaar einen Zeiger auf den eventuell erzeugten Knoten oder NULL, falls noch kein Knoten erzeugt wurde. Es resultiert ein Produktgraph $G_f \otimes G_g$. □

Bemerkung. Eine m-äre Synthese anhand von m Operatoren ist durch eine Verkettung weiterer OBDDs ebenfalls möglich. Der Aufwand hierzu vergrößert sich entsprechend auf $\mathcal{O}(|OBDD_1| \ldots |OBDD_m|)$.

Beispiel 2.28 Die Abbildung 2.21 zeigt die Berechnung eines Produktgraphen. Seien $f \in \mathcal{B}_2$ mit $f(x_1, x_2) = x_1 x_2$ (vgl. Abbildung 2.21a) und $g \in \mathcal{B}_1$ mit $g(x_1) = x_1$ (vgl. Abbildung 2.21b) gegeben. Gemäß der Konstruktion aus dem Beweis von Theorem 2.20 werden zwei OBDDs G_f, G_g durch $\oplus \in \mathcal{B}_2$ verknüpft. Die Verknüpfung $G_f \oplus G_g$ ist in Abbildung 2.21c dargestellt.[3]

Das Problem der Synthese kann also mithilfe der Darstellung von Schaltfunktionen durch OBDDs effizient gelöst werden, wenn eine Variablenordnung gleichermaßen fest gewählt wird. In diesem Zusammenhang stellt sich die Frage: Welche Variablenordnung sollte gewählt werden? Wird z. B. Abbildung 2.16 betrachtet, so kann eine unterschiedliche Größe und damit ein Einfluss dieser festgestellt werden. Die Wichtigkeit der Frage nach einer „guten" Ordnung kann dabei insbesondere durch Beispiel 2.29 veranschaulicht werden.

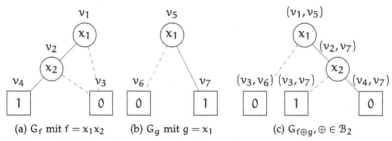

(a) G_f mit $f = x_1 x_2$ (b) G_g mit $g = x_1$ (c) $G_{f \oplus g}, \oplus \in \mathcal{B}_2$

Abbildung 2.21 Berechnung eines Produktgraphen

Beispiel 2.29 Sei eine Schaltfunktion $dqf_n \in \mathcal{B}_{2n}$ gegeben durch $dqf_n(x_1, \ldots, x_{2n}) = x_1 x_2 + \ldots + x_{2n-1} x_{2n}$. Die Abbildung 2.22 zeigt schematisch aufgebaute OBDDs unter Verwendung der Variablenordnungen: 1. $\pi_1 : x_1, \ldots, x_{2n}$ und 2. $\pi_2 : x_1, x_3, \ldots, x_{2n-1}, x_2, x_4, \ldots, x_{2n}$. Die Abbildung 2.22a zeigt ein sichtbar lineares Wachstum, welches intuitiv dadurch begründet werden kann, dass die Terme der Form $x_i x_{i+1}$ für ein ungerades i kurzfristig entschieden werden können.

---

[3] Gemäß der Beweisführung von Theorem 2.20 sind nicht-erreichbare Knoten möglich, da u. a. die ursprünglichen OBDDs selbst enthalten sind, jedoch leicht entfernt werden können.

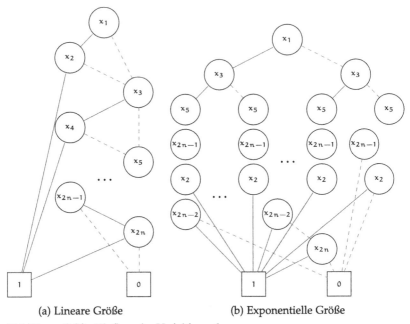

(a) Lineare Größe   (b) Exponentielle Größe

Abbildung 2.22 Einfluss der Variablenordnung

Entweder ist die erste der beiden Variablen mit 0 belegt und der Term ist somit nicht mehr erfüllbar oder er ist 1 und die Entscheidung findet anschließend durch die zweite Variable statt. Wird Abbildung 2.22b betrachtet, so ist ein exponentielles Wachstum erkennbar, d. h. ein OBDD besteht aus 2^{n+1} Knoten. Hierbei ist im Gegensatz zur Ordnung π_1 nur eine langfristige Entscheidung nach Auflistung aller ungeraden Variablen möglich, die sich bis zu einer Tiefe n „aufblähen", da vorher keine Informationen über den Funktionswert abgeleitet werden können.

Ein ähnlicher Umstand kann bei der Addierfunktion (vgl. Definition 2.26) festgestellt werden. Auf der betrachteten Variablenordnung $\pi : a_{n-1} < b_{n-1} < \ldots < a_0 < b_0$ ist die Größe des SBDD für alle Ausgabebits linear in n, da a_i und b_i partiell symmetrisch bzw. gleichwertig sind und nah beieinanderstehen. Wird die Variablenordnung $\pi : a_{n-1} < \ldots < a_0 < b_{n-1} < \ldots < b_0$ betrachtet, so wächst die Größe hingegen exponentiell in n.

Wird die aus Abschnitt 2.1 analysierte Klasse der symmetrischen Funktionen betrachtet, so kann unmittelbar gefolgert werden, dass alle Variablenordnungen gleichwertig sind und somit kein Zusammenhang zwischen der OBDD-Größe und der Variablenordnung besteht. Symmetrische Funktionen ändern sich also nicht, wenn Variablen vertauscht werden. Weiterhin kann über die Anzahl der durch Konstantsetzung von Variablen resultierenden verschiedenen Subfunktionen (sog. *Struktursätze* [102]), die wesentlich von x_i abhängen, argumentiert werden, dass höchstens eine quadratische Größe in n Variablen resultiert [61]. Je nach Wertevektor sind zudem noch Verschmelzungen von Knoten möglich, sodass ein OBDD auch kleiner werden kann. Ein Beispiel hierfür ist die Paritätsfunktion par_n (vgl. z. B. Abbildung 2.15), die stets ein lineares Wachstum aufweist. Somit kann ein exponentielles Wachstum nicht auftreten, was sich entsprechend positiv auf den Speicherbedarf auswirkt.

Die bisherigen Begründungen könnten darauf hindeuten, dass es möglich ist, immer mindestens eine gute Ordnung zu finden, die zu einem kleinen OBDD führt. Wie in Abschnitt 2.1.3 angeführt, haben OBDDs jedoch wie alle Repräsentationsformen für fast alle Schaltfunktionen eine fatale Eigenschaft: eine exponentielle Größe. Hierzu kann das erwähnte Abzählargument leicht auf OBDDs angewendet werden und aufgrund der Tatsache keiner verwendeter Strukturinformationen bez. anderer Darstellungstypen generalisiert werden.

Für z. B. die *Integer-Multiplikation*, welche die *arithmetisch-logische Einheit* (ALU) einer CPU unterstützt, konnte R. Bryant [18] im Jahr 1991 eine sog. „bösartige" Ordnung beweisen, d. h. dass unabhängig von der Ordnung stets ein exponentielles Wachstum besteht.

Definition 2.36 Ein n-*Bit Multiplizierer* ist ein SK, der die Schaltfunktion $mul_n :$ $\mathbb{B}^{2n} \to \mathbb{B}^{2n}$ berechnet:

$$mul_n(a_{n-1}, \ldots, a_0, b_{n-1}, \ldots, b_0) = (p_{2n-1}, \ldots, p_0) \text{ mit}$$
$$\langle p_{2n-1}, \ldots, p_0 \rangle = \langle a \rangle \cdot \langle b \rangle, \text{ wobei}$$
$$\langle a \rangle \cdot \langle b \rangle = \langle a \rangle \cdot \sum_{i=0}^{n-1} b_i \cdot 2^i = \sum_{i=0}^{n-1} \langle a \rangle \cdot b_i \cdot 2^i.$$

Konkret hat R. Bryant [18] unter Nutzung von Methoden aus der Kommunikationskomplexität, speziell durch sog. *Fooling-Mengen*, u. a. bereits für das mittlere am „schwersten" zu berechnende Bit p_n, eine exponentielle untere Schranke für die Größe der resultierenden OBDDs gezeigt.

Theorem 2.21 Ein OBDD wächst bez. des mittleren Bits von mul_n auf jeder beliebigen Ordnung exponentiell in n.

Da es jedoch bekanntlich praktisch relevante Funktionen gibt, bei denen die Größe stark – wie gezeigt – von der gewählten Ordnung abhängen kann, sind Algorithmen zur Handhabung des *Variablenordnungsproblems* zur Konstruktion guter Ordnungen bedeutsam.

Problem 2.14 (Variablenordnung $OPT\_OBDD_\mathcal{R}$)

Eingabe: Eine Darstellung $\mathcal{R}$ für eine Schaltfunktion f und eine Zahl $z \in \mathbb{N}$
Ausgabe: 1 falls $cost(OBDD_f) \leqslant z$, 0 sonst

Algorithmen für $OPT\_OBDD_\mathcal{R}$ lassen sich im Wesentlichen in 1. initiale und 2. dynamische Verfahren klassifizieren. Während initiale Verfahren ein erstes OBDD, ausgehend von einer anderen Darstellung $\mathcal{R}$, aufbauen, versuchen dynamische Umordnungsverfahren eine bestehende Variablenordnung zu verbessern.
    Im Jahr 1996 konnten – nach zunächst einfacher Behauptung durch R. Bryant [17] – B. Bollig und I. Wegener [11] mithilfe von theoretischen Werkzeugen beweisen, dass $OPT\_OBDD_{\mathcal{OBDD}}$ $\mathcal{NP}$-vollständig ist, womit (vermutlich) kein effizienter Algorithmus realisierbar ist, der unter allen möglichen Ordnungen stets die Beste bestimmt.

Theorem 2.22 $OPT\_OBDD_{\mathcal{OBDD}}$ ist $\mathcal{NP}$-vollständig.

In diesem Kontext hat D. Sieling [101] zwei Jahre später bewiesen, dass auch die minimale Größe nicht polynomiell approximierbar ist. Es ist offensichtlich, dass der Suchraum für ein OBDD über n Variablen aufgrund aller möglichen Permutationen der Ordnungen exakt $n!$ Elemente umfasst, was in der Praxis inakzeptabel ist. Daher sind in diesem Zusammenhang insbesondere Heuristiken von großer Bedeutung, welche über die Jahre studiert und entwickelt worden sind, um im Laufe der Bearbeitung einer Schaltfunktion, z. B. innerhalb einer symbolischen Simulation, die Ordnung zu verbessern.
    Eines der ersten Verfahren zur dynamischen Darstellungsminimierung war bspw. der Greedy-Algorithmus *Sifting* von R. Rudell [93] aus dem Jahr 1993, womit erstmals Schaltfunktionen dargestellt werden konnten, die aufgrund ihrer Variablenanzahl durch eine feste Ordnung nicht in einer vorgegebenen Zeit berechnet werden konnten. Dieser Algorithmus basiert auf der Idee, jede vorkommende Variable via Levelvertauschungen durch das OBDD zu bewegen (*Scanlauf*), wobei die anderen

Variablen ihre relative Positionierung beibehalten. Nach jedem Leveltausch wird anhand einer definierten Güte (z. B. die OBDD-Größe) die Qualität bewertet. Am Ende wird die Variable an die Position mit der besten Bewertung platziert. Der Scanlauf sowie die Positionierung jeder der n Variablen findet in höchstens $2,5n$ Vertauschungen statt, insofern jede Variable den Scanlauf in Richtung der kürzesten Distanz zu beiden Levelgrenzen beginnt [56]. Insgesamt werden daher $\mathcal{O}(n^2)$ Levelvertauschungen durchgeführt. Offensichtlich wird nicht der gesamte Suchraum berücksichtigt, d. h. es ist nur ein lokales Optimum einstellbar. Daher wurden viele Erweiterungen, wie etwa die Berücksichtigung der Reihenfolge der Variablenbetrachtung, entwickelt, um bessere lokale Optima zu finden.

Initiale Verfahren unterscheiden sich insbesondere darin, welche Eingangsinformationen zur Verfügung stehen. So kann bspw. eine Funktion in Form eines SK oder einer TT gegeben sein, die selbst nur unzureichend zur Manipulation für das jeweilige Problem geeignet sind. Das Variablenordnungsproblem unter Betrachtung von SKs ist im Hinblick auf $\mathrm{OPT\_OBDD}_{\mathcal{OBDD}}$ auch $\mathcal{NP}$-hart [102].

Theorem 2.23 $\mathrm{OPT\_OBDD}_{\mathcal{SK}}$ ist $\mathcal{NP}$-hart.

Bei gegebenem SK sind aufgrund der $\mathcal{NP}$-Schwere nur Heuristiken bekannt, die versuchen, Variablen-Zusammenhänge aus der jeweiligen topologischen Struktur zu extrahieren und diese beieinanderliegend anzuordnen. Eine Idee besteht z. B. darin, einen SK, ausgehend von den POs, mit einer DFS zu durchlaufen und die Variablen in der Reihenfolge anzuordnen, in der sie besucht werden.

Bez. TTs ist das bisher beste (exakte) Verfahren von S. Friedman und K. Supowit [43] vorgestellt worden, das auf dynamischer Programmierung basiert, wobei insbesondere das Konstantsetzen von Variablen (vgl. Problem 2.6) ausgenutzt wird. Subprobleme (Subfunktionen) werden somit gelöst und tabelliert. Das Ausgangsproblem wird dann insgesamt durch einen Lookup in den jeweiligen Tabellen gelöst. Es hat aufgrund der Eingabelänge bzw. Nutzung der Tabellen eine Laufzeit von $\mathcal{O}(n^2 \cdot 3^n)$, was insgesamt besser im Vergleich zum naiven Ansatz ist und sich bis zu 30 Variablen lohnt [56].

Theorem 2.24 $\mathrm{OPT\_OBDD}_{\mathcal{TT}}$ ist $\mathcal{NP}$-hart.

Aufgrund der Tatsache, dass sich bei einigen Anwendungen, wie etwa die Analyse von endlichen Zustandsmaschinen, die optimale Ordnung zur Laufzeit ändern kann, werden initiale und dynamische Verfahren häufig kombiniert, sodass zu Beginn eine statische Ordnung ermittelt wird, die sich dann während des Ablaufs jedoch den Gegebenheiten anpassen kann [84].

Aufgrund der nicht gegebenen eindeutigen Repräsentation seitens OBDDs ist der Äquivalenztest – besonders im Hinblick auf stärker wachsende Darstellungen für komplexere Schaltfunktionen – algorithmisch aufwendig. Daher werden im nächsten Abschnitt Regeln untersucht, um eine kanonische Darstellung von Schaltfunktionen erreichen zu können.

2.2.3 Reduzierte OBDDs

Unter erneuter Betrachtung von Abbildung 2.12 können mehrfach gebildete Subgraphen erkannt werden: Wie kann ein BDD strukturell *kompaktiert* werden, ohne dabei die Bedeutung der repräsentierten Schaltfunktion zu verändern?

Um eine kompakte Darstellung zu gewährleisten, müssen sämtliche enthaltene *Redundanzen* identifiziert und entfernt werden:

(1) Beide Nachfolger eines Knotens v können identisch sein, womit die Entscheidung bei v unwesentlich ist.
(2) Subgraphen können mehrfach auftreten, d. h. dieselben Informationen über eine jeweilige Schaltfunktion sind somit mehrmals vorhanden.

Aus beiden Beobachtungen resultiert die folgende Definition:

Definition 2.37 Ein OBDD heißt *reduziert*, wenn

(1) kein innerer Knoten v mit dem Index x und $(f_v)_x = (f_v)_{\overline{x}}$ existiert (*Eliminationsregel*).
(2) es keine verschiedenen Knoten v und w gibt, die gleich markiert und deren Nachfolger identisch sind (*Isomorphieregel*).

Die Reduktionsregeln sind in Abbildung 2.23 illustriert und erlauben einen systematischen sowie effizienten Algorithmus mithilfe einer *Breitensuche* (BFS), um ein gegebenes OBDD in ein ROBDD für die gleiche Schaltfunktion zu überführen. In diesem Zusammenhang ist es aufgrund der Isomorphieregel vorteilhaft, diese lokal aufzufassen und schichtenweise bottom-up zu reduzieren. Somit kann garantiert werden, dass bei bereits betrachteten Bereichen keine neuen Reduktionsmöglichkeiten wegen grundsätzlich beliebig großen Subgraphen entstehen können.

Theorem 2.25 Ein OBDD ist in Polynomialzeit reduzierbar.

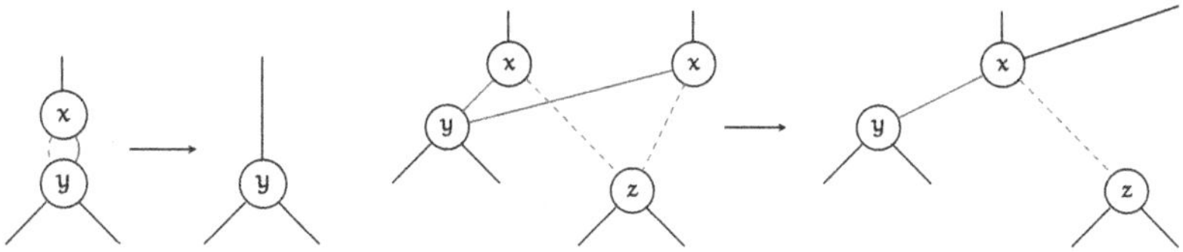

(a) Eliminationsregel   (b) Isomorphieregel

Abbildung 2.23 Reduktionsregeln für OBDDs

Beweis. Weise jedem Knoten v eine natürliche Zahl $id(v)$ zu. Führe nun eine BFS für $i = n, \ldots, 1$ bottom-up durch:

(1) *Eliminationsregel:* Falls $id(high(v)) = id(low(v))$, so lenke alle eingehenden Kanten auf $high(v)$ um und entferne anschließend v (vgl. Abbildung 2.23a).

(2) *Isomorphieregel:* Sortiere zunächst $LVL(i)$ nach dem vorliegenden Schlüssel $(id(high(v)), id(low(v)))$ und überprüfe (nun nebeneinanderliegende) Knoten auf Isomorphie. Sind also die inneren Knoten v und w mit x_i markiert und führen zu den jeweils selben Nachfolgern, so verschmelze v und w, indem w entfernt wird und all seine eingehenden Kanten auf v umgelenkt werden (vgl. Abbildung 2.23b).[4]

Für die Sortierung kann z. B. Mergesort [82] verwendet werden, d. h. es folgt $\mathcal{O}(n \log n)$.   □

Bemerkung. Wegen der Dominanz der Sortierung ist die Nutzung von Bucketsort [27] naheliegend und ein adaptierter Algorithmus in Linearzeit möglich. Aufgrund der großen Konstanten in dieser Notation ist jedoch eine signifikant höhere Speichernutzung erforderlich.

Beispiel 2.30 In Abbildung 2.12 ist ein nicht-reduziertes OBDD für die Schaltfunktion $f \in \mathcal{B}_3$ mit $f(x_1, x_2, x_3) = x_1 x_2 + \overline{x}_3$ dargestellt. Die Abbildung 2.24 zeigt durch Anwendung der aus dem Beweis von Theorem 2.25 vorgestellten Reduktionsregeln die Überführung in ein ROBDD. Da dieselben Senken öfter auftreten, werden diese zunächst, wie in Abbildung 2.24a dargestellt, zusammengefasst. Danach können die

---

[4] Es kann alternativ auch v zur Entfernung gewählt werden.

hervorgehobenen Knoten durch die Anwendung der Isomorphieregel verschmolzen werden, was Abbildung 2.24b zeigt. Über die Eliminationsregel können die hervorgehobenen Knoten nun entfernt werden. Das finale ROBDD ist in Abbildung 2.24c ersichtlich.

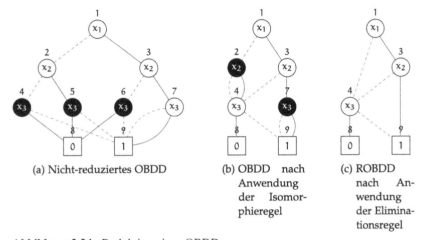

(a) Nicht-reduziertes OBDD

(b) OBDD nach Anwendung der Isomorphieregel

(c) ROBDD nach Anwendung der Eliminationsregel

Abbildung 2.24 Reduktion eines OBDD

Die iterative Anwendung beider Regeln führt immer zu demselben ROBDD, unabhängig davon, in welcher Reihenfolge diese Regeln angewendet werden, was das folgende Theorem bestätigt:

Theorem 2.26 Das Regelsystem zur Überführung von OBDDs nach ROBDDs ist konfluent.

Beweis. Bei Anwendung einer Regel wird die Größe um mindestens einen Knoten reduziert (vgl. Abbildung 2.23). Also kann eine Funktion konstruiert werden, bei der Ableitungen immer kleiner werden, d. h. das Regelsystem *terminiert*.

Die Isomorphieregel ist nicht parallel unabhängig, d. h. es liegt eine kritische Überlappung vor. Dies liegt daran, dass bei dieser Regel einer von zwei Knoten beliebig ausgewählt werden kann, der entfernt wird. Allerdings bleiben die „Tracks" erhalten, d. h. beide Ausführungen sind streng zusammenführbar. Die Redundanzregel hat offensichtlich keine kritischen Paare. Daraus folgt, dass das Regelsystem *lokal konfluent* ist.

Gemäß [3] ist ein Termersetzungssystem *konfluent*, wenn es terminiert und lokal konfluent ist. Daraus folgt die Behauptung. □

Ist also keine Regel mehr anwendbar, so ist das OBDD vollständig *reduziert*. Jede Schaltfunktion kann bei einer festen, aber beliebig gewählten Variablenordnung durch ein (bis auf Isomorphie) eindeutiges OBDD repräsentiert werden, was die folgende Beweisskizze zeigt:

Theorem 2.27 (Satz von Bryant) ROBDDs sind kanonische Darstellungen von Schaltfunktionen.

Beweis. Sei $f \in \mathcal{B}_n$ über $X_n = \{x_1, \ldots, x_n\}$ und π eine beliebige, aber feste Variablenordnung.

Nehme $f_G = f_{G'} = f$ für zwei nicht-isomorphe ROBDDs G_f, G_f' an.

Sei $n = 0$. Dann ist f konstant. O.B.d.A. existieren für $f = 0$ sowohl in G_f als auch in G_f' nur Pfade zur 0-Senke. Wenn ein innerer Knoten existiert, so entsprechen beide Nachfolger der 0-Senke. $\frac{1}{2}$

Sei $n \geqslant 1$. Dann ist f mindestens von einer Variable abhängig. Seien r, r' die Wurzeln in G_f, G_f', d.h. es gilt $\text{var}(r) = \text{var}(r') = x_1$. Nehme $\text{low}(r) \neq \text{low}(r')$ an. Per Induktionsannahme gilt hier Isomorphie. Dann $\exists \alpha = (\alpha_1, \ldots, \alpha_n) \in \mathbb{B}^n$: $f_{\text{low}(r)}(\alpha) \neq f_{\text{low}(r')}(\alpha)$ unabhängig von α_1 für x_1. Damit $\alpha_1 \implies f_G(\alpha) \neq f_{G'}(\alpha)$. $\frac{1}{2}$

Somit müssen G_f, G_f' isomorph sein. □

In diesem Kontext sind die Subfunktionen von f wohlbestimmt, womit OBDDs minimaler Größe für f beschrieben werden. Darauf basierend sind alle ROBDDs bez. einer gegebenen Variablenordnung isomorph und liefern den minimalen OBDD für f.

Eine wichtige Konsequenz aus Theorem 2.27 ist, dass der *Äquivalenztest* effizient in $\mathcal{O}(|\text{OBDD}_1| + |\text{OBDD}_2|)$ durchgeführt werden kann. So genügt es, zwei OBDDs gemäß der Konstruktion aus dem Beweis von Theorem 2.25 zu reduzieren und anschließend mithilfe einer DFS simultan zu traversieren, um zu prüfen, ob jedes erreichte Knotenpaar die gleiche Markierung hat. Die Effizienz kann jedoch noch weiter durch SBDDs (vgl. z.B. Abbildung 2.17) verbessert werden. Unter der Voraussetzung, dass Schaltfunktionen in einem gemeinsamen ROBDD dargestellt werden, genügt die Überprüfung, ob beide Wurzeln auf dieselben Nachfolger zeigen.

Theorem 2.28 Das Problem 2.10 $EQUIV_{\mathcal{ROBDD}}$ kann in $\mathcal{O}(1)$ entschieden werden.

Entsprechend den für VLSI CAD notwendigen Anforderungen aus Abschnitt 2.1.2 zur Darstellung und Manipulation von Schaltfunktionen werden weitere wichtige Problemstellungen bez. ihrer Komplexität diskutiert. Analog zu Theorem 2.18 folgt:

Theorem 2.29 Für den Speicherplatz von Problem 2.1 $EVAL_{\mathcal{ROBDD}}$ gilt $\mathcal{O}(|ROBDD|)$. Es ist in $\mathcal{O}(n)$ berechenbar.

Bemerkung. Gemäß des Beweises von Theorem 2.27 ist nur eine Pfadverkürzung möglich, wenn unwesentliche Variablen entfernt wurden.

Im Vergleich zu Theorem 2.17 kann SAT in konstanter Zeit entschieden werden, da aufgrund der Eigenschaft der Kanonizität jede Schaltfunktion $f \neq 0$ die 1-Senke impliziert.

Theorem 2.30 Das Problem 2.2 $SAT_{\mathcal{ROBDD}}$ ist in $\mathcal{O}(1)$ entscheidbar.

Auch die Varianten von SAT können algorithmisch effizient gehandhabt werden:

Theorem 2.31 Für den Platz von Problem 2.3 $SAT - ALL_{\mathcal{ROBDD}}$ gilt $\mathcal{O}(|ROBDD|)$. Es ist in $\mathcal{O}(n \cdot |ON(f_{ROBDD})|)$ berechenbar.

Beweis. Alle Pfade von der Wurzel zur 1-Senke entsprechen erfüllenden Belegungen bez. der Schaltfunktion. Daher genügt eine Bottom-up-Traversierung, beginnend bei der 1-Senke, um diese aufzulisten.   □

Theorem 2.32 Das Problem 2.4 $SAT - COUNT_{\mathcal{ROBDD}}$ ist mit einem Aufwand von $\mathcal{O}(|ROBDD|)$ berechenbar.

Beweis. Der 1-Senke entsprechen 2^n, der 0-Senke 0 erfüllende Belegungen. Ausgehend von dieser Annahme kann die Wurzel initial mit 2^n und die übrigen Knoten mit 0 markiert werden. Nun kann das ROBDD in topologischer Ordnung traversiert werden. Wird ein Knoten v erreicht, der mit einer Eingabe c markiert ist, so wird der Wert $\frac{c}{2}$ zu den Markierungen der Nachfolger von v addiert. Die Markierung der 1-Senke ist das Ergebnis. Daraus folgt die Behauptung.[5] □

In ähnlicher Art und Weise zu Theorem 2.30 kann die Effizienz des *Tautologietests* begründet werden, da hier lediglich geprüft werden muss, ob die Wurzel der 1-Senke entspricht.

Theorem 2.33 Das Problem 2.9 $\text{TAUT}_{\mathcal{ROBDD}}$ kann in $\mathcal{O}(1)$ entschieden werden.

In Abhängigkeit dazu, welcher *Kofaktor* berechnet werden soll, resultieren unterschiedliche Komplexitätsangaben. Wird der Kofaktor bez. einer Entscheidungsvariable benötigt, welche die Wurzel eines ROBDD markiert, so entspricht der Kofaktor einem der Kinder und ist in $\mathcal{O}(1)$ berechenbar. Im Allgemeinen gilt jedoch:

Theorem 2.34 Das Problem 2.6 $\text{RESTRICT}_{\mathcal{ROBDD}}$ ist mit einem Aufwand von $\mathcal{O}(|\text{ROBDD}|)$ berechenbar.

Beweis. Konstruiere den Kofaktor innerhalb einer Traversierung des ROBDD. Kopiere hierbei das ROBDD, wobei jede Kante, die einen Knoten v mit $\text{var}(v) = x_i$ für $c = 0$ referenziert, durch eine Kante auf $\text{low}(v)$ substituiert wird. Analog gilt die Substitution bez. $\text{high}(v)$ für $c = 1$. Anschließend gibt es gemäß Abbildung 2.25 eventuell nicht erreichbare Knoten und keine vollständige Reduzierung, was durch die Anwendung der Kofaktor-Berechnung auf das ROBDD aus Abbildung 2.25a anhand von Abbildung 2.25b beobachtet werden kann. Entferne daher nicht

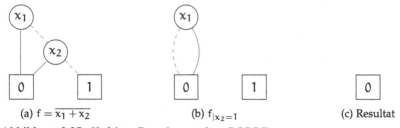

(a) $f = \overline{x_1 + x_2}$ (b) $f_{|x_2=1}$ (c) Resultat

Abbildung 2.25 Kofaktor-Berechnung eines ROBDD

---

[5] Die Analyse der Komplexität setzt voraus, dass die arithmetischen Operationen in konstanter Zeit ausgeführt werden können.

erreichbare Knoten und reduziere abschließend gemäß der Konstruktion aus dem Beweis von Theorem 2.25. Ein entsprechendes Resultat ist in Abbildung 2.25c ersichtlich.   □

Grundlegend kann ein ROBDD für eine Schaltfunktion $f \in \mathcal{B}_n$ anhand einer Variablenordnung π unterschiedlich aufgebaut werden:

(1) *Bottom-up:* Es wird ein vollständiger Entscheidungsbaum wie in Abbildung 2.12 für f gemäß π aufgebaut und wie in Abbildung 2.24 anhand des Reduktionsalgorithmus aus dem Beweis von Theorem 2.25 reduziert.

(2) *Top-down:* Infolge der Einführung eines Wurzelknotens zur Repräsentation von f wird die Shannon-Dekomposition rekursiv angewendet, wobei gemäß Beweisführung von Theorem 2.27 unwesentliche Variablen für eine Subfunktion nicht mitgeführt werden und somit keine redundanten Knoten auftreten können.

Beispiel 2.31 Unter Betrachtung des ROBDD aus Abbildung 2.24c und anhand der Bildung der Kofaktoren aus Beispiel 2.20 kann bereits bei der Berechnung des negativen Kofaktors $f_{|x_1=0}$ bei der Wurzel erkannt werden, dass dieser nicht wesentlich von x_2 abhängt. Der Knoten, welcher mit x_2 (id: 2 in Abbildung 2.24a) markiert ist, kann somit direkt „übersprungen" werden und es resultiert $\bar{x}_3$. Zudem ist ersichtlich, dass $f_{v_6} = f_{v_5} = f_{v_4}$ gilt, d. h. es genügt, lediglich einen Repräsentanten zu erzeugen usw.

Beide Techniken sind nur für Funktionen mit wenigen Variablen geeignet. Während der Bottom-up-Ansatz die Bestimmung von allen 2^n Funktionswerten benötigt, erfordert der Top-down-Ansatz eine stetige Durchführung eines Äquivalenztests zur Überprüfung, ob bestimmte Subfunktionen bereits repräsentiert werden [84]. Eine effizientere Möglichkeit ist, bereits existierende ROBDDs, angefangen mit ROBDDs für Senken und Entscheidungsvariablen $G_{f(x)=x_i}$, mittels boolescher Operationen immer weiter zu verknüpfen, d. h. zu synthetisieren, um das finale ROBDD für die gewünschte Schaltfunktion zu erhalten. Um einen grundlegenden Algorithmus zur Synthese von ROBDDs beschreiben zu können, kann die in Gleichung 2.4 ersichtliche Shannon-Dekomposition gemäß den Gesetzen der booleschen Algebra wie z. B. Gesetz 2.4 (De Morgan) in *Dekompositionsregeln* umgeformt werden:

$$\overline{f} = x_i \cdot \overline{f_{x_i=1}} + \overline{x}_i \cdot \overline{f_{x_i=0}}$$

$$f \otimes g = x_i \cdot (f_{x_i=1} \otimes g_{x_i=1}) + \overline{x}_i \cdot (f_{x_i=0} \otimes g_{x_i=0})$$

$$(\overline{f})_{x_i=c} = \overline{f_{x_i=c}} \qquad (2.4)$$

$$(f \otimes g)_{x_i=c} = f_{x_i=c} \otimes g_{x_i=c}$$

Bezogen auf ROBDDs bedeutet Gleichung 2.4, dass ein ROBDD $f \otimes g$ für zwei Schaltfunktionen f, g anhand von $f_{x_i=1} \otimes g_{x_i=1}$ (G) und $f_{x_i=0} \otimes g_{x_i=0}$ (G') rekursiv berechnet werden kann, indem ein neuer Knoten eingeführt wird, der mit x_i markiert ist und dessen 1-Kante (0-Kante) auf die Wurzel von G (G') zeigt. Um nicht einige boolesche Operationen separat behandeln zu müssen, führten K. Brace, R. Rudell und R. Bryant [12] den sog. ite-Operator ein, der *if* f *then* g *else* h berechnet und aufgefasst wird als

$$ite(f, g, h) = f \cdot g + \overline{f} \cdot h. \qquad (2.5)$$

In Tabelle 2.1 sind alle 16 Operationen aus $\mathcal{B}_2$ aufgelistet. Alle booleschen Operatoren lassen sich auf den ternären Operator ite zurückführen. Die Tabelle 2.4 zeigt in diesem Kontext die dazugehörige Beschreibung mithilfe von ite. Der Operator ist dabei mit der Shannon-Dekomposition verträglich, weil er sich unmittelbar auf einen Knoten, der mit einer Entscheidungsvariable markiert ist, bezieht:

$$\begin{aligned}
ite(f, g, h) &= f \cdot g + \overline{f} \cdot h \\
&= x_i \cdot (f \cdot g + \overline{f} \cdot h)_{x_i} + \overline{x}_i \cdot (f \cdot g + \overline{f} \cdot h)_{\overline{x}_i} \\
&= x_i \cdot (f_{x_i} \cdot g_{x_i} + \overline{f}_{x_i} \cdot h_{x_i}) + \overline{x}_i \cdot (f_{\overline{x}_i} \cdot g_{\overline{x}_i} + \overline{f}_{\overline{x}_i} \cdot h_{\overline{x}_i}) \\
&= x_i \cdot ite(f_{x_i}, g_{x_i}, h_{x_i}) + \overline{x}_i \cdot ite(f_{\overline{x}_i}, g_{\overline{x}_i}, h_{\overline{x}_i}) \\
&= ite(x_i, ite(f_{x_i}, g_{x_i}, h_{x_i}), ite(f_{\overline{x}_i}, g_{\overline{x}_i}, h_{\overline{x}_i})) \\
&= (x_i, ite(f_{x_i}, g_{x_i}, h_{x_i}), ite(f_{\overline{x}_i}, g_{\overline{x}_i}, h_{\overline{x}_i}))
\end{aligned}$$

Das aus obiger Gleichung resultierende Tripel ist mit der Definition 2.30 bzw. einem BDD-Knoten, der mit einer Entscheidungsvariable x_i markiert ist, vollständig verträglich. Aus diesem Grund ist ein rekursiver Divide-and-Conquer-Algorithmus naheliegend, der das vorliegende Problem in zwei kleinere Subprobleme zerlegt. Konkret sind hiermit die jeweiligen positiven und negativen Kofaktoren der vorliegenden Operanden gemeint, die anschließend berechnet werden, um danach über den Wurzelknoten entsprechend miteinander verknüpft werden zu können. Insofern diese bereits existieren, ist keine weitere Berechnung notwendig. In diesem

Tabelle 2.4 Beschreibung der zweistelligen Schaltfunktionen mit *ite*

NUMMER	FUNKTION	ITE-AUSDRUCK
0000	0	$ite(f, 0, 0)$
0001	$f \cdot g$	$ite(f, g, 0)$
0010	$f > g$	$ite(f, \overline{g}, 0)$
0011	f	$ite(f, 1, 0)$
0100	$f < g$	$ite(f, 0, g)$
0101	g	$ite(g, 1, 0)$
0110	$f \oplus g$	$ite(f, \overline{g}, g)$
0111	$f + g$	$ite(f, 1, g)$
1000	$f \downarrow g$	$ite(f, 0, \overline{g})$
1001	$f \Leftrightarrow g$	$ite(f, g, \overline{g})$
1010	$\overline{g}$	$ite(g, 0, 1)$
1011	$x \Leftarrow y$	$ite(f, 1, \overline{g})$
1100	$\overline{f}$	$ite(f, 0, 1)$
1101	$f \Rightarrow g$	$ite(f, g, 1)$
1110	$f \uparrow g$	$ite(f, \overline{g}, 1)$
1111	1	$ite(f, 1, 1)$

Zusammenhang zeigt Algorithmus 2.1 die ite-Prozedur detaillierter und wird daher im Folgenden beschrieben.

Zeile 1–7: Es wird auf die Terminierung in der aktuellen Rekursionstiefe wie $ite(0, f, g) = g$, $ite(1, f, g) = f$, $ite(f, 1, 0) = f$ oder $ite(f, g, g) = g$ geprüft. Das Ergebnis wird dann geliefert.

Zeile 8–10: Unter Annahme der Existenz eines Caches ct, wird auf eine bereits berechnete Operanden-Kombination geprüft und diese (falls existent) unmittelbar zurückgegeben.

Zeile 11–13: Es werden zwei Subprobleme t, e für die Kofaktoren der Operanden erzeugt. Hierzu wird für die Operanden die *Top-Variable* x ermittelt, d. h. die Variable einer Wurzel, welche sich in der Ordnung am weitesten vorne bzw. oben befindet.

Zeile 14–16: Nach der Berechnung beider Subprobleme wird bestimmt, ob diese isomorph sind. O. B. d. A. wird t geliefert.

Algorithmus 2.1 Universal-Synthese mit *ite*

Input: ROBDDs f, g, h
Output: ROBDD für *ite*(f, g, h)

```
 1 if f = 1 ∨ g = h then                          ▷ Terminalfälle
 2 |  return g
 3 end if
 4 if f = 0 then
 5 |  return h
 6 end if
 7 ...
 8 if ct.has_entry(f, g, h) then
 9 |  return ct(f, g, h)
10 end if
11 x ← Top-Variable von f, g, h
12 t ← ite(f_{x_i=1}, g_{x_i=1}, h_{x_i=1})
13 e ← ite(f_{x_i=0}, g_{x_i=0}, h_{x_i=0})
14 if t = e then                                  ▷ Eliminationsregel
15 |  return t
16 end if
17 r ← ut.find_or_add(x, t, e)                    ▷ Isomorpieregel
18 ct.insert(f, g, h, r)
19 return r
```

Zeile 17: Das Resultat gleicht einem Tripel (Wurzelknoten) r mit $var(r) = x$ und $t = high(r)$ sowie $e = low(r)$. Unter Annahme einer Hashtabelle ut wird dieses gefunden oder vermerkt, wenn es r noch nicht gibt.

Zeile 18: Die Operanden-Kombination und das dazugehörige Gesamtresultat r werden im Cache abgelegt.

Zeile 19: Es erfolgt die Rückgabe des Gesamtresultats.

Die angenommenen Hilfsdatenstrukturen sind bedeutsam. Ohne eine UT müsste stets die Isomorphieregel angewendet werden, da bestimmte Subfunktionen bereits repräsentiert werden könnten. Wenn keine CT zur Verfügung stehen würde, so besitzt ite unmittelbar eine exponentielle Laufzeit in der Variablenanzahl, da sich der Algorithmus zur Bearbeitung jedes Subproblems zweifach rekursiv für maximal jede der Variablen aufruft. Die Rekursionstiefe ist dabei durch die Anzahl der Variablen beschränkt. Beide Datenstrukturen werden in den Abschnitten 3.1 und 3.2 im Detail realisiert.

Theorem 2.35 Die ite-Operation ist für die gegebenen ROBDDs f, g und h in $\mathcal{O}(|f\|g\|h|)$ berechenbar.

Beweis. Gemäß Algorithmus 2.1 erfolgt die Berechnung in Abhängigkeit von drei ROBDDs als Operanden f, g, h. Somit kann ROBDD f höchstens $|f| + 2$ (wegen Senken) verschiedene Werte annehmen. Dies gilt analog für g und h. Die Kofaktor-Berechnung kann aufgrund der Betrachtung der Wurzelmarkierung bekanntlich in $\mathcal{O}(1)$ erfolgen, da der Kofaktor unmittelbar einem der Kinder entspricht oder sich selbst zurückgibt, insofern er nicht von der ausgewählten Variable abhängt. Aufgrund von Theorem 2.28 kann Isomorphie unter Betrachtung eines SBDD in $\mathcal{O}(1)$ entschieden werden. Unter der Annahme einer idealen UT und insbesondere CT, d. h. der Prüfung und Speicherung einer Operanden-Kombination in $\mathcal{O}(1)$, folgen höchstens $|f\|g\|h|$ mögliche Operanden-Kombinationen, wobei jede davon höchstens einmal berechnet wird. $\Box$

Korollar 2.35.1 Die Konjunktion und Disjunktion sind in $\mathcal{O}(|f\|g|)$ berechenbar. Die Negation kann in $\mathcal{O}(|f|)$ berechnet werden.[6]

Beweis. Wegen Theorem 2.35 folgen unmittelbar $f \cdot g = \text{ite}(f, g, 0)$, $f + g = \text{ite}(f, 1, g)$ und $\overline{f} = \text{ite}(f, 0, 1)$ (vgl. Tabelle 2.4). $\Box$

Bemerkung. In der Praxis ist es typischerweise oft der Fall, dass sich die Laufzeiten den letztendlichen Größen der ROBDDs annähern, d. h. im Vergleich zu den Komplexitätsschranken niedriger ausfallen.

Beispiel 2.32 Die Abbildung 2.26 verdeutlicht die Anwendung der ite-Operation. Seien $f = x_1 + x_2$ (vgl. Abbildung 2.26a), $g = x_1 x_3$ (vgl. Abbildung 2.26b) und $h = x_2 + x_4$ (vgl. Abbildung 2.26c) aus $\mathcal{B}_4$. Das durch den Aufruf $\text{ite}(f, g, h)$ berechnete ROBDD d (vgl. Abbildung 2.26d) ergibt sich wie folgt:

---

[6] Wenn komplementäre Kanten [12] eingesetzt werden, so ist $\mathcal{O}(1)$ möglich, da kein Tausch der $ON(f)$- und $OFF(f)$-Menge bzw. Kanten auf 0 und 1 notwendig ist, weil die Negation direkt im ROBDD gespeichert wird und sog. Komplementmarken angeben, ob der referenzierte ROBDD als negiert aufzufassen ist.

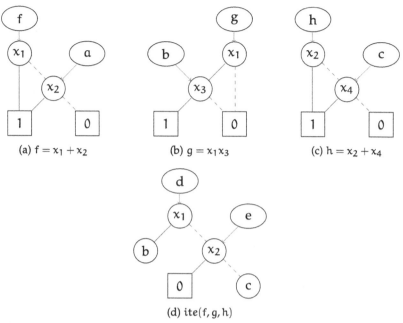

(a) $f = x_1 + x_2$ (b) $g = x_1 x_3$ (c) $h = x_2 + x_4$

(d) $\text{ite}(f, g, h)$

Abbildung 2.26 Berechnung von *ite*

$$
\begin{aligned}
d &= \text{ite}(f, g, h) \\
&= (x_1, \text{ite}(f_{x_1}, g_{x_1}, h_{x_1}), \text{ite}(f_{\overline{x}_1}, g_{\overline{x}_1}, h_{\overline{x}_1})) \\
&= (x_1, \text{ite}(1, b, h), \text{ite}(a, 0, h)) \\
&= (x_1, b, (x_2, \text{ite}(a_{x_2}, 0_{x_2}, h_{x_2}), \text{ite}(a_{\overline{x}_2}, 0_{\overline{x}_2}, h_{\overline{x}_2}))) \\
&= (x_1, b, (x_2, \text{ite}(1, 0, 1), \text{ite}(0, 0, c))) \\
&= (x_1, b, (x_2, 0, c)) \\
&= (x_1, b, e).
\end{aligned}
$$

Hierbei existieren bereits die inneren Knoten a, b, c in dem SBDD. Der Knoten e muss dabei für d während der Synthese erstellt werden.

In der Praxis ist der ite-Algorithmus für typische Anwendungen aus dem VLSI CAD oftmals zu „universell" [56]. Der Grund hierfür liegt darin, dass im Fall von binären Operationen der dritte Operand bereits eine Senke repräsentiert (vgl. Tabelle 2.4),

wofür unnötig Zeit in Bezug auf Operanden-Vergleiche investiert wird, die eingespart werden kann. Der Algorithmu 2.2 zeigt daher in diesem Zusammenhang
den Algorithmu 2.1 in abgewandelter Form. Im Vergleich zu ite ändern sich im
Wesentlichen die Operanden-Anzahl und Terminalfälle bez. dem jeweiligen Operator. Sowohl die Korrektheit als auch die Komplexität lassen sich analog zu ite
zeigen, liefern jedoch keinen neuen Beitrag, weshalb an dieser Stelle darauf verzichtet wird.

Algorithmus 2.2 Zwei-Operanden-Synthese mit *apply*

Input: ROBDDs f, g und eine binäre Operation $\otimes$
Output: ROBDD für $f \otimes g$
1 **if** $\text{is\_sink}(f) \wedge \text{is\_sink}(g)$ **then**   ▷ Terminalfälle
2 $\quad$ **return** $(f \otimes g)$
3 **end if**
4 ...
5 **if** $\text{ct.has\_entry}(f, g, \otimes)$ **then**
6 $\quad$ **return** $\text{ct}(f, g, \otimes)$
7 **end if**
8 $x \leftarrow$ Top-Variable von f, g
9 $t \leftarrow apply(f_{x_i=1}, g_{x_i=1}, \otimes)$
10 $e \leftarrow apply(f_{x_i=0}, g_{x_i=0}, \otimes)$
11 **if** $t = e$ **then**   ▷ Eliminationsregel
12 $\quad$ **return** t
13 **end if**
14 $r \leftarrow \text{ut.find\_or\_add}(x, t, e)$ ▷ Isomorpie-Regel
15 $\text{ct.insert}(f, g, \otimes, r)$
16 **return** r

Bemerkung. Offensichtlich entspricht Algorithmus 2.2 primär der Beweisführung
von Theorem 2.20, ist jedoch um den Einsatz der UT ergänzt. Gewöhnlicherweise
wird *apply* dabei für die Disjunktion, Konjunktion und Antivalenz realisiert.

Der Einsatz der Synthese ist der zentrale Bestandteil einer Datenstruktur im
VLSI CAD. Je effizienter sie gestaltet wird, desto besser werden Anwendungen
in der Lage sein, die Datenstruktur zu nutzen.

Theorem 2.36 Das Problem 2.5 $\text{COMPOSE}_{\mathcal{ROBDD}}$ ist mit einem Aufwand von
$\mathcal{O}(|\text{ROBDD}_f|^2|\text{ROBDD}_g|)$ für $f, g \in \mathcal{B}_n$ berechenbar.

Beweis. Fasse die Schaltfunktion $f_{x_i=g}$ als

$$f_{x_i=g} = g \cdot f_{x_i=1} + \overline{g} \cdot f_{x_i=0} = \text{ite}(g, f_{x_i=1}, f_{x_i=0})$$

auf und wende den Synthese-Algorithmus an. Die ROBDDs für $f_{x_i=1}$ und $f_{x_i=0}$ müssen nicht explizit berechnet werden, wenn an einem mit x_i markierten Knoten direkt zu den Nachfolgern gegangen wird. Daraus folgt die Behauptung.   □

Theorem 2.37 Das Problem 2.7 $\text{QUANT}_{\mathcal{ROBDD}}$ ist mit einem Aufwand von $\mathcal{O}(|\text{ROBDD}|^2)$ berechenbar.

Beweis. Wende den Synthese-Algorithmus für $f_{x_i=1}$ und $f_{x_i=0}$ sowie + und · an. Analog zu Theorem 2.36 kann vermieden werden, dass die ROBDDs für $f_{x_i=1}$ und $f_{x_i=0}$ berechnet und gespeichert werden müssen, indem die realisierte Konstantsetzung (vgl. Problem 2.6) von x_i verwendet wird.   □

Insgesamt wurden verschiedene Darstellungstypen für Schaltfunktionen diskutiert: 1. TT und Würfel (vgl. Abschnitt 2.1.4.1), 2. BEs (vgl. Abschnitt 2.1.4.2), 3. SKs (vgl. Abschnitt 2.1.4.3) und 4. BDDs (vgl. Abschnitt 2.2). Hinsichtlich der in Abschnitt 2.1.2 angeführten Anforderungen innerhalb des VLSI CAD konnten diverse Unterschiede in deren algorithmischer Handhabung unter Beachtung der in Abschnitt 2.1.3 dargelegten Eigenschaften von Schaltfunktionen beobachtet werden. Hierzu zählen u. a. gegenübergestellt:

- Problem 2.8 (*Synthese*): Die Verknüpfung von FBDDs ist wegen Theorem 2.16 und Korollaren wie Korollar 2.16.1 ineffizient. Wegen der Möglichkeit, dass $f, g \in \mathcal{B}_n$ in SKs durch $f \otimes g$ verknüpft werden können, indem ihre Ausgänge in ein Gatter führen, das $\otimes$ berechnet, ist die Erzeugung als einfach zu bewerten.
- Problem 2.9 (*Tautologietest*): Dieses Problem ist für eine CNF wegen Theorem 2.8 $\mathcal{CO} - \mathcal{NP}$-vollständig. Wenn ein ROBDD genutzt wird, so ist der Test auf die konstante Einsfunktion einfach, weil dazu lediglich die Wurzel auf die 1-Senke überprüft werden muss (vgl. Theorem 2.33).
- Problem 2.10 (*Äquivalenztest*): Während dieses Problem für SKs aufgrund ihrer nicht eindeutigen Darstellung von Schaltfunktionen nur ineffizient handhabbar ist (vgl. Theorem 2.11), kann es unter Verwendung von ROBDDs in $\mathcal{O}(1)$ entschieden werden, da die Überprüfung, ob zwei Wurzeln auf denselben Knoten zeigen, ausreichend ist (vgl. Theorem 2.28).
- *Größe und Wachstum:* Während der Aufbau einer TT für eine Funktion $f \in \mathcal{B}_n$ stets 2^n Zeilen erfordert, ist die Größe der anderen Typen von f abhängig. So

benötigt z. B. die KDNF – im Gegensatz zur allgemeinen Form – zur Darstellung von $p \, ar_n$ gemäß Beispiel 2.12 bereits 2^{n-1} Minterme. Bei einem BDD besteht hierbei ein Wachstum von $\mathcal{O}(n)$ (vgl. Abbildung 2.15).

Jede der angesprochenen Darstellungstypen hat Vor- und Nachteile, bezogen auf Kriterien und konkrete Anwendungen. Da hierbei der Fokus auf Anwendungen aus dem Gebiet des VLSI CAD – vorrangig auf formale Verifikation und Logiksynthese – besteht, lässt sich zusammenfassend festhalten, dass BDDs in diesem Kontext als Beispiel mehrstufiger SKs und kanonische Darstellung effiziente Algorithmen zur Manipulation dieser bereitstellen und einen gelungenen Kompromiss zwischen Kompaktheit und Effizienz schaffen.

Bis hierhin wurden einzelne Operationen insbesondere aus einer theoretischen Sicht beschrieben und in vielen Fällen Größenordnungen sowie Rechenzeiten angegeben. Die Effizienz der diskutierten Algorithmen lässt sich auf verschiedene Arten und Weisen durch Techniken fernab des theoretischen Standpunkts weiter steigern, was im nächsten Kapitel beschrieben wird.

Master BDD (MBDD)   3

Truth can only be found in one place: the code.

R. Martin [81]

Im letzten Kapitel wurden Eigenschaften von BDDs wie *Ordnung* und *Kanonizität* untersucht, unter denen insbesondere der Tautologie- und Äquivalenztest (vgl. Probleme 2.9 und 2.10) einfach wurden. Unter Betrachtung von Abschnitt 2.1.2 ist das Speicheraufkommen ein erheblicher Faktor dafür, wie gut Operationen auf einer Datenstruktur funktionieren. Wegen Abschnitt 2.1.3 und dem *Variablenordnungsproblem* (vgl. Problem 2.14) kann zunächst der Eindruck gewonnen werden, dass ROBDDs nicht praktikabel für Anwendungen aus dem VLSI CAD sind. Allerdings gibt es eine signifikante Menge praxisrelevanter Schaltfunktionen, die kompakte Darstellungen und Manipulationen auf ROBDDs erlauben. Daher wurde in den letzten Dekaden viel Forschungsarbeit, basierend auf Ideen von K. Brace, R. Rudell und R. Bryant [12], in Softwarepakete investiert, um – fernab der theoretischen Analyse aus dem letzten Kapitel – Programmiertechniken zu entwickeln, die zu Performanzsteigerungen bez. solcher Operationen führen. Zwei populäre Pakete sollen kurz vorgestellt werden:

- *CUDD:* Dieses C/C++ Paket steht für „Colorado University Decision Diagram" und wurde von F. Somenzi [104] im Jahr 1995 entwickelt. Eine UT kann theoretisch 2^{28} 16-Byte Knoten speichern, die mit maximal 2^{16} Variablen markiert und untereinander Zeiger-basiert referenziert werden können, wobei nicht mehr benötigte Knoten durch eine GC mit *Referenzzählung* [79] entfernt werden. Das Paket zeichnet sich durch eine Vielzahl an Operationen wie dem Finden einer „guten" Variablenordnung aus, wobei diese eine gemeinsame CT nutzen und

© Der/die Autor(en), exklusiv lizenziert an Springer Fachmedien Wiesbaden GmbH, ein Teil von Springer Nature 2023
R. Krauss, *Speichereffizienter Aufbau von binären Entscheidungsdiagrammen*, BestMasters, https://doi.org/10.1007/978-3-658-43121-1_3

koexistieren können. Es findet daher eine weitreichende Anwendung wie bspw.
in VIS [14] und ABC [13].

- *BuDDy:* Dieses C/C++ Paket wurde im Jahr 1996 von J. Nielsen [88] programmiert. Eine UT kann 2^{32} 20-Byte Knoten speichern, die mit maximal 2^{21} Variablen markiert und untereinander Index-basiert referenziert werden können, wobei
nicht mehr benötigte Knoten mit einer *Mark-and-Sweep* GC [66] entfernt werden. Es bietet die meistgenutzten Operationen für die Manipulation von ROBDDs
an, wobei separate CTs eingesetzt werden. Anwendung findet es bspw. im Kontext von Model Checking bzw. in verschiedenen Theorem-Beweisern wie [2].

Eine Übersicht an weiteren Paketen ist in [64] zu finden. Insbesondere wird deutlich, dass sich derartige Pakete u. a. in den folgenden Charakteristika unterscheiden:
1. Knotengröße, 2. Eltern/Kind-Referenzierung, 3. Anzahl Hashtabellen und Variablen, 4. Art der GC, 5. DFS vs. BFS und 6. Koexistenz.

In u. a. [34, 120] konnte im Bereich Model Checking über verschiedene Modelle
wie Protokolle und definierte Eigenschaften eine Abhängigkeit von Paketen zu diesen festgestellt werden, was partiell durch den Einsatz aufgeführter Techniken wie
etwa dem verwendeten Algorithmus zur GC begründet werden kann. Somit ist kein
Paket durch seine Leistungsmerkmale universell einsetzbar. Allerdings ist auffällig,
dass C/C++ Pakete wie z. B. BuDDy ähnlichen Paketen wie JDD [117], geschrieben
in anderen Programmiersprachen wie Java, signifikant überlegen sind. Dies ist u. a.
darauf zurückzuführen, dass der Fokus auf benutzerfreundlichere objektorientierte
Schnittstellen anstelle auf Performanz gerichtet wird. Der Autor der vorliegenden
Arbeit konnte aufgeführte Studien durch diverse ähnliche Experimente verifizieren
und hat darüber hinaus durch langjähriges Arbeiten mit Paketen weitere Insuffizien-
zen durch u. a. Speicheranalysen festgestellt. So wird z. B. in BuDDy der Belegungsfaktor im Kontext von Hashtabellen nicht überwacht, was eine erhöhte Kollisions-
wahrscheinlichkeit bedeutet [78]. Weiterhin ist CUDD aufgrund der Verwendung
von Zeigern bez. Eltern/Kind-Referenzen stark von der Zielarchitektur abhängig,
was z. B. Debuggen erschwert. Zudem kann sich dadurch der BDD-Knoten vergrößern, wenn kein explizites Casting erfolgt [64]. Abschließend sei hierzu vermerkt,
dass eine Vielzahl an Paketen keinen regelmäßigen Änderungen unterliegen oder
nicht mehr gewartet werden. So erfolgte bspw. die letzte nachvollziehbare Feature-
Änderung bei BuDDy im Jahr 2007.[1]
Motiviert durch die umfassenden Studien und Erfahrungen im Umgang mit BDD-
Paketen werden nachfolgend Strategien und Techniken beschrieben, die jenseits der

---

[1] Änderungen sind in der Commit-Historie auf https://github.com/utwente-fmt/buddy/
commits/master ersichtlich (besucht am 22.04.2022).

analysierten theoretischen Aspekte ein BDD-Paket bez. Performanz, unter Beachtung der Benutzerfreundlichkeit, konkurrenzfähig werden lassen sollen: MBDD. Die Schlüsselkonzepte dieses – unter Beachtung von Basiskonzepten der Softwaretechnik [4] entworfenen – C/C++ Pakets sind in Gestalt von Klassen, Schnittstellen sowie deren Beziehungen in Abbildung 3.1 zusammengefasst. Knoten des Typs dd_node eines DD werden in der Knotentabelle ut hashbasiert gespeichert, um Kanonizität zu gewährleisten, wobei diese untereinander über Indizes des Typs dd, einem sog. *Handle*, referenziert werden. Um zu verhindern, dass die gleiche Operation mehrfach berechnet wird, werden Caches des Typs ct eingesetzt, der Einträge des Typs ct_entry enthält. Um wichtige Dateiformate aus den Bereichen der Logiksynthese und Verifikation einlesen zu können, werden Parser eingesetzt: 1. pla_reader und 2. dimacs_reader. Parser legen gelesene Informationen (term, literal) über NFs (nf) wie DNFs (dnf) bzw. CNFs (cnf) in ihren fest zugeordneten Strukturen wie pla oder dimacs ab. Die Datenstrukturen werden in dem Manager dd_manager zusammengefasst, durch den Operationen gesteuert werden. Spezialisiert wird dieser durch einen Manager einer bestimmten DD-Variante wie dem bdd_manager, der u. a. Ausgangs-BDDs des Typs bdd,

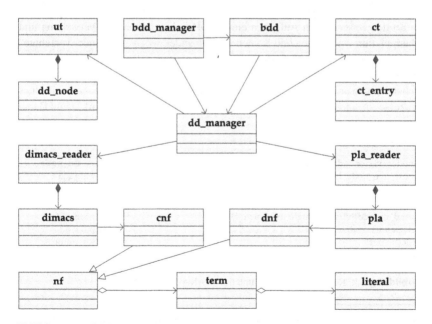

Abbildung 3.1 Schlüsselkonzepte von MBDD

sog. *Wrapper* für den Handle, bereitstellt, um Knoten zu kombinieren sowie Operationen darauf aufrufen zu können. Während sich daher die beiden letztgenannten Klassen auf die öffentliche Schnittstelle beziehen, bilden die davor aufgezählten Bestandteile die private Schnittstelle.

In den folgenden Abschnitten werden die angerissenen Grundelemente mit dem Fokus auf BDDs beschrieben und diskutiert, um sie für nachfolgende Untersuchungen nutzen zu können.[2] Insofern nicht anders herausgestellt, wird für die vorgestellten Konzepte als Schreibkonvention „BDD" mit „ROBDD" gleichgesetzt.

3.1 Knotentabelle

Der Kern des BDD-Pakets ist der in Abbildung 3.2 ersichtliche Knoten `dd_node`, der sich aus verschiedenen Attributen zusammensetzt: 1. `lvl`, 2. `high`, 3. `low`, 4. `head`, 5. `next` und 6. `ref`. Im Laufe der Vorstellung der Schlüsselkonzepte werden die einzelnen Attribute fortlaufend im Kontext der Beschleunigung der Ausführungszeit einzelner Algorithmen diskutiert. Insbesondere wird in diesem Zusammenhang ein Kompromiss zwischen der Anzahl und Größen der Attribute sowie besagter Algorithmen geschlossen.

Zu den wesentlichen Aufgaben eines BDD-Pakets zählen die Verwaltung und Manipulation von Knoten und Kanten untereinander, wozu „ineinander verzahnte" Ausführungen wie *Suchen, Erstellen* und *Löschen* stattfinden. Im Kontext der Speicherverwaltung in einem herkömmlichen Rechnersystem bzw. *Betriebssystem* (OS) stehen Knoten und Kanten für Speicherblöcke und Verweise, auf die innerhalb eines Prozesses in einem virtuellen Adressraum via *Paging* zugegriffen wird. Damit Daten

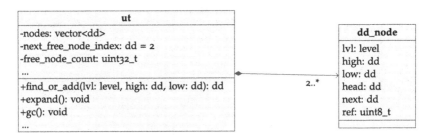

Abbildung 3.2 Realisierung der UT und des DD-Knotens

---

[2] Es wird von Details zur u. a. Fehlerbehandlung und näheren Spezifizierern wie `const`, `noexcept` oder `namespace` sowie trivialen Funktionen abstrahiert.

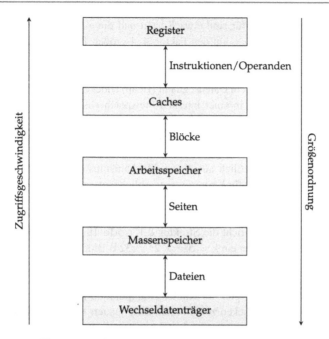

Abbildung 3.3 Hierarchische Speicherorganisation

in einem Rechnersystem effizient verarbeitet werden können, wird die Speicherorganisation (Speichersystem), ähnlich wie in Abbildung 3.3 ersichtlich, hierarchisch angeordnet, was durch das sog. *Lokalitätsprinzip* ermöglicht wird. Es besagt, dass Anwendungen in einem kleinen Zeitintervall auf einen relativ kleinen Teil (Seiten) des virtuellen Adressraums eines Prozesses zugreifen:

(1) *Temporal:* Findet ein Zugriff auf eine Adresse statt, so erfolgt mit hoher Wahrscheinlichkeit bald ein erneuter Zugriff.

(2) *Räumlich:* Passiert ein Zugriff auf eine Adresse, dann werden mit hoher Wahrscheinlichkeit bald Zugriffe in unmittelbarer Nähe erfolgen.

Während (1) z. B. die Abarbeitung von Schleifen meint, bezieht sich (2) auf bspw. die Verarbeitung von Array-Daten. Ein Speichermedium verarbeitet Daten umso effizienter, je näher es sich bei der CPU befindet. Während die CPU bspw. schneller auf SRAM-Zellen (Register), verglichen mit DRAM-Zellen (Arbeitsspeicher), zugreifen kann, haben Register mit Bytes eine andere Größenordnung als Arbeitsspeicher mit GBytes. Gründe hierfür sind etwa Kosten und die eigentliche Fläche. Somit sind z. B. SRAM-Zellen ca. um den Faktor ≥ 4 größer. Insgesamt ist daher eine antiproportionale Zuordnung erkennbar.

Wird das Speicherzugriffsverhalten in einem Prozess zugrunde gelegt, so werden gewöhnlicherweise bez. dem Datensegment (Heap) Blöcke der Größe 2^k – insofern nicht genügend Speicher in einer internen Freispeicherliste vorhanden ist – vom OS angefordert, um externe Fragmentierung zu reduzieren und ein Verschmelzen bei einer Freigabe dieser zu vereinfachen. Als Beispiel hierfür sei der sog. *Buddy-Algorithmus* [85] angeführt.

Wird jedoch ausschließlich auf diesen Mechanismus der Speicherverwaltung zurückgegriffen, resultiert für Knoten eine erhebliche interne Fragmentierung. Während der Datentyp `dd` zur Identifizierung von Knoten ein Alias für `uint32_t` darstellt, ist `level` aufgrund einfacherer Anpassungsmöglichkeiten ein Alias für `uint16_t`. Daher entspricht die Struktur `dd_node` 19 B. Unter dieser Voraussetzung würde pro Knoten ein $k = 5 \implies 2^5 = 32$ B Block belegt werden, womit $32 - 19 = 13$ B brach liegen würden. Weiterhin muss betrachtet werden, dass sich typischerweise Millionen von Knoten im laufenden Prozess befinden. Durch das geschilderte Wechselspiel der Knoten-Manipulation kann die Erstellung und Nutzung von Speicherblöcken zudem nicht differenziert betrachtet werden. Über die negative Auswirkung auf die Fragmentierung resultieren somit als Konsequenz unverhältnismäßig viele Cache Misses.

Bemerkung. Es gibt – wie bereits erwähnt – Pakete, deren Knoten nur 16 B umfassen. Hierzu sei vorweg genommen, dass dann jedoch auch mehrere UTs mit entsprechenden Knoteneinträgen existieren.

Um das Lokalitätsprinzip zu nutzen und Cache Misses vorzubeugen, dürfen Knoten also nicht über den DRAM verteilt liegen. Aus diesem Grund sollten Knoten in einem zusammenhängenden (größeren) Speicherbereich nah beieinander liegen. Die dargelegten Knoten-Manipulationen erfordern zudem, dass Knoten u. a. effizient gefunden und erzeugt werden müssen. Um diese Mechanismen unterzubringen, bietet sich *Hashing* als mögliche Realisierung an.

3.1.1 Hashverfahren

In Beispiel 2.24 wurde verdeutlicht, wie Schaltfunktionen mit mehreren Wurzeln in einem SBDD repräsentiert werden. Somit können durch Subgraphen dargestellte Subfunktionen geteilt werden. Es ist offensichtlich, dass die gemeinsame Nutzung, verglichen mit einer separaten Repräsentation, signifikant viel Rechenzeit und Speicherplatz sparen kann. In diesem Kontext sei stellvertretend auf die vorhergehende Beweisführung von Theorem 2.28 verwiesen, die zeigt, dass neben einer geringeren Speichernutzung der Äquivalenztest in $\mathcal{O}(1)$ funktioniert. Im Programmierkontext bedeutet dies, dass zwei Wurzeln auf dieselbe Speicherstelle zeigen. Um dieses Verhalten zu erreichen, muss eine Voraussetzung stets gelten: strenge Kanonizität, d. h. jede Subfunktion soll exakt einmal durch einen BDD-Knoten repräsentiert werden. Bevor also ein Knoten erzeugt wird, muss geprüft werden, ob er schon existiert. Ist dieser Existenztest negativ, so wird der Knoten mit den gegebenen Informationen erstellt und zurückgeliefert. Ansonsten wird er sofort zurückgegeben. Um dieses Verhalten zu realisieren, ist eine gemeinsame *Hashtabelle* $\mathtt{ut}$ (vgl. Abbildung 3.2) naheliegend.

Definition 3.1 Ein *Hashverfahren* berechnet für ein Element $e \in E$ anhand seines eindeutigen *Schlüssels* $k \in K'$ ($K' \subseteq K \subseteq \mathbb{N}_0$) mit einer *Hashfunktion* $h : K \to \{0, \ldots, m - 1\}$ einen Hashwert (Position) $0 \leqslant h(k) < m$, um e in einem Array einer *Hashtabelle* der Größe n und Kapazität m idealerweise so abzulegen, dass es in $\mathcal{O}(1)$ wiedergefunden wird. $\beta = \frac{n}{m}$ beschreibt in diesem Zusammenhang den *Belegungsfaktor*. Falls $h(k_{e_1}) = h(k_{e_2})$ für $e_1, e_2 \in E$, so liegt eine *Hashkollision* vor, die durch eine *Kollisionsstrategie* so behandelt werden muss, dass eine andere Position für den *Überläufer* e_2 gefunden wird.

Hashtabellen sind im Durchschnitt effizienter als z. B. Listen, wenn Operationen wie Knotensuchen gefordert sind, da für n Schlüssel nicht $\mathcal{O}(n)$ Vergleiche notwendig sind. Allerdings kann sich Hashing auch (mit nur einem Unterschied in den Konstanten) als praktisch ineffizient erweisen, wenn h sich nicht für E eignet, entsprechend viele Kollisionen auftreten, β zu groß wird oder Kollisionen nur unzureichend behandelt werden.

Eine Hashfunktion sollte schnell berechenbar sein und jedes Element $e \in E$ möglichst gleichmäßig auf die Hashtabelle verteilen. Allerdings kann auch eine ideale Hashfunktion Kollisionen für $\beta > 1$ nicht vermeiden, was mit dem *Geburtstagsparadoxon* begründet werden kann [53].

Beispiel 3.1 Sei $m = 365$ und $|E| = 23$ Personen in einem Raum. Dann liegt die Wahrscheinlichkeit, dass zwei von ihnen am gleichen Tag des Jahres Geburtstag haben, bei mehr als 50 %, da jede Abbildung von

$$\left\lfloor \sqrt{\frac{m}{2}}\pi \right\rfloor = \left\lfloor \sqrt{\frac{365}{2}}\pi \right\rfloor \approx 23$$

Schlüsseln entsprechend wahrscheinlich eine Kollision herbeiführt.

Ein Knoten ist eindeutig durch seine Markierung lvl und (bereits berechneten) Nachfolger high und low, d. h. durch das entstehende Tripel (lvl, high, low), spezifiziert, welches daher als Schlüssel für den dargelegten Existenztest dient. Die Nachfolger werden dabei über Indizes (anstelle von Zeiger) identifiziert, die sich gemäß einer vorstellbaren *Alterskondition* initial vor dem Elternteil befinden [63]. So sind die Senken bspw. gemäß ihrer Markierung fest an den Plätzen 0 bzw. 1 in dem (zusammenhängenden) Array nodes der UT gesetzt, weshalb next_free_node_index = 2 gilt. Es folgen Literale, synthetisierte Resultate usw.

Bemerkung. Aufgrund der Ordnungskondition von BDDs (vgl. Definition 2.35) bezieht sich lvl unmittelbar auf eine Variablenmarkierung var(v), falls ein innerer Knoten v vorliegt.

Durch die Realisierung dieses Mechanismus besteht keine Abhängigkeit zur Zielarchitektur. Ansonsten würde (ohne explizites Casting) bspw. low einem Wort, d. h. 64 B im Fall einer 64-Bit-Architektur, entsprechen, was den Knoten in Abhängigkeit zur Zielarchitektur vergrößern kann. Zudem würde sich das Debuggen verkomplizieren, da z. B. die Approximation der Gleichverteilung durch h erschwert wird. Als Hashfunktion wird die *Divisionsrestmethode* eingesetzt, da sie der im Durchschnitt (populärste) beste Repräsentant ist bzw. statistisch keine schlechteren Resultate als andere Hashfunktionen liefert [76]:

$$h(k) = k \bmod m \text{ mit}$$
$$k = \text{triple}(a, b, c) = \text{pair}(b, \text{pair}(a, c)) \text{ und}$$
$$\text{pair}(a, b) = \frac{(a + b)(a + b + 1)}{2} + a, \text{ wobei} \tag{3.1}$$
$$m \neq 2^i \in \mathbb{P} \text{ und } a, b, c, i \in \mathbb{N}_0.$$

Hierbei bezieht sich lvl auf a, high auf b und low auf c.

Bemerkung. Bei vielen Anwendungen hat sich durch die Wahl von m als Primzahl (mit Ausnahme einer Mersenne-Primzahl $2^i - 1$) aufgrund einer dadurch signifikant geringeren Anzahl von zu erwartenden Kollisionen wegen „stabileren" Datenverteilungen etabliert [26]. Eine Zweierpotenz ist ungeeignet, da somit nur eine Extraktion der i-niederwertigen Bits von k erfolgt, sodass alle höherwertigen Bits beim Hashing ignoriert werden.

K' ist im Vergleich zu der Menge aller möglichen Schlüssel K relativ klein bzw. sind Hashfunktionen dadurch im Allgemeinen nicht injektiv und können daher bei unterschiedlichen Tripeln zu gleichen Hashwerten führen. Obwohl es bei einer entsprechend großen Hashtabelle und geeigneter Hashfunktion nur wenige Kollisionen gibt [84], sind zur Erhaltung der Eindeutigkeit, da Knoten nicht einfach gelöscht werden dürfen, effiziente *Kollisionsstrategien* notwendig.

Zum einen wird *Hashing mit Verkettung* gegenüber Hashing mit offener Adressierung [77] bevorzugt, weil sich das Knotenentfernen dadurch als wesentlich unproblematischer herausstellt. So kann z. B. bei Verwendung einer offenen Adressierung wegen der betrachteten Sondierungsfolge eines Schlüssels ein Element dieser Folge nicht einfach gelöscht werden, da dann ein folgendes Element nicht mehr gefunden wird. Zudem ist bez. BDD-Knoten innerhalb typischer Anwendungen aus dem VLSI CAD häufiger mit negativen Existenztests zu rechnen, wofür sich die in erhöhter Frequenz durchgeführte Iteration der Sondierungsfolge ebenfalls als ungeeignet herausstellt.

Da eine typische Realisierung einer Verkettung [109] einen im Vergleich zur offenen Adressierung größeren Platzverbrauch durch zusätzliche Referenzen hat, werden zum anderen UT und DD-Knoten verschmolzen. Dies bedeutet, dass ein dd_node in nodes über das Attribut next direkt ein Kettenglied einer linearen Liste wird, womit die Behandlung der Überläufer implizit durch den Knoten selbst realisiert wird. Dabei stellt das Attribut head den „Kopf" der Kette dar, um Knoten zu suchen bzw. erstellte Knoten entsprechend einzuhängen. Neben einer Verbesserung der Speichernutzung führt diese Realisierung zu einem geringeren zusätzlichen Verwaltungsaufwand, da weniger Allokationen notwendig sind. So können während der UT-Initialisierung bereits m Plätze reserviert werden, wobei ein ungenutzter Platz über Bitmanipulation markiert werden kann, indem o. B. d. A. das MSB von high gesetzt wird. Daraus folgt, dass insgesamt $2^{31} - 1$ Knoten simultan in der UT existieren können, was als geeigneter Kompromiss zwischen Knotenkompaktheit und Knotenanzahl erachtet wird. Zudem ist eine weitere Konsequenz der Kombination aus UT und Knoten ein insgesamt schnellerer Lookup.

Theorem 3.1 Wenn n BDD-Knoten in einer UT mit m Plätzen abgelegt sind und Hashing mit Verkettung eingesetzt wird, dann hat find_or_add die Ausführungszeit $\mathcal{O}\left(1 + \frac{n}{m}\right)$.

Beweis. Sei U eine UT. Wenn n BDD-Knoten auf m Ketten von U verteilt werden, dann sind im Durchschnitt $\frac{\mathsf{n}}{\mathsf{m}}$ Knoten in einer Kette. Dies entspricht dem Belegungsfaktor β von U und damit der durchschnittlichen Zeit zum Finden eines Knotens bez. einer erfolglosen Suche (bei Belegung). In einem solchen Fall muss nämlich über alle Knoten der Kette an Position $h(k)$ bzw. head bei gegebenem Schlüssel k iteriert werden. Der Knoten kann anschließend in $\mathcal{O}(1)$ in der Kette abgelegt werden. Daraus folgt die Behauptung.   □

Bemerkung. In der Praxis hat sich ergeben, dass aufgrund von Synthesen (vgl. Algorithmen 2.1 und 2.2) in wiederholt kurzen Abfolgen dieselben Knoten abgefragt werden [56]. Daher wird find_or_add weiterhin dadurch verbessert, indem zuletzt gefundene Knoten an den Anfang einer Kette gesetzt werden. Dieser Tausch ist durch ein einfaches Umsetzen von head und next ebenfalls in $\mathcal{O}(1)$ möglich.

Somit gilt, dass wenn vor der Prüfung bereits eine Reduktion bestand, der Knoten leicht ermittelt oder bei Bedarf erzeugt werden kann. Die Reduktion bleibt in jedem Fall bestehen. Dies gilt sogar unabhängig davon, ob ein BDD oder SBDD vorliegt. Das Listing 3.1 veranschaulicht Theorem 3.1 durch eine strukturierte Realisierung in Form von Aktionen. Die Zeilen 5–16 beschreiben dabei den Suchprozess. Gemäß Gleichung 3.1 wird ein Hashwert berechnet, der dazu benutzt wird, den Listenanfang zu lokalisieren. Über next wird zum nächsten Knoten der Liste gelangt. Wird ein Knoten gefunden, so wird er unmittelbar zurückgegeben. Ist dieser Existenztest negativ, so wird der Knoten ab Zeile 18 erzeugt. Hierzu wird das beschriebene Tripel entsprechend gesetzt und die verkettete Liste derartig angepasst, dass der aktuelle Knoten den Anfang verkörpert. Darüber hinaus werden Hilfsgrößen wie next_free_node_index und free_node_count zur einfacheren Verwaltung der UT, u. a. für den nächsten Suchlauf, entsprechend adaptiert.

Beispiel 3.2 Sei $f \in \mathcal{B}_3$ mit $f(x_0, x_1, x_2) = x_0 + x_1 + x_2$. Die Abbildung 3.4 zeigt die Arbeitsweise einer UT der Kapazität $\mathsf{m} = 11$, um das BDD G_f unter Verwendung von Algorithmus 2.2 (apply) aufzubauen. Während Abbildung 3.4a das Resultat grafisch repräsentiert, zeigt Abbildung 3.4b die dazugehörigen Einträge in der UT. Jeder Eintrag wird zunächst mit $(0, 0, 0, 0, i + 1)$ initialisiert, wobei i den Index für den Knotenzugriff repräsentiert. Eine Ausnahme bilden die Senken, deren Nachfolger entsprechend ihres Index gesetzt werden. Um einen Überlauf zu verhindern, zeigt die letzte verfügbare Position (hier: 11) auf den Tabellenanfang. Wird nun sukzessive Listing 3.1 infolge der Variablenerzeugung innerhalb der Synthese auf die Teilausdrücke von f angewendet, so ergibt sich – wie dargestellt – das Resultat, auf das mit dem Handle 10 zugegriffen werden kann. Unter Betrachtung

Listing 3.1 Suche und Erzeugung von Knoten in der UT

```
 1 dd find_or_add(level lvl, dd high, dd low)
 2 {
 3   if (high == low) return high; // check for redundancy
 4
 5   auto hash = h(lvl, high, low);
 6   auto res = nodes[hash].head;
 7   while (res != 0)
 8   {
 9     auto& node = nodes[res];
10     if (is_used(res) && node.lvl == lvl &&
11         node.high == high && node.low == low)
12     {
13       return res;
14     }
15     res = node.next;
16   }
17   ...
18   res = next_free_node_index;
19   auto& node = nodes[res];
20   next_free_node_index = node.next;
21   node.lvl = lvl;
22   node.high = high;
23   node.low = low;
24   // put the new node at the front of the linked list
25   node.next = nodes[hash].head;
26   nodes[hash].head = res;
27   --free_node_count;
28   return res;
29 }
```

der Verkettung ist es an der ersten Position für den Hashwert 4 und zeigt auf den Nachfolger mit dem Index 9, welcher wiederum keinen weiteren Nachfolger hat.

Bemerkung. Der Äquivalenztest ist gleichbedeutend mit der Prüfung, ob zwei Indizes identisch sind.

VLSI CAD Anwendungen wie z. B. die symbolische Simulation verursachen gewöhnlich hohe Schwankungen, d. h. ein Flackern in den Knotenzahlen [56]. Trotzdem sollte der Belegungsfaktor β in einem geeigneten Bereich liegen bzw. einen bestimmten Wert, insbesondere 1, nicht überschreiten, um Kollisionen zu reduzieren

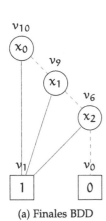

i	lvl	high	low	head	next
0	3	0	0	6	1
1	3	1	1	8	2
2	0	1	0	2	0
3	0	0	1	7	0
4	1	1	0	10	0
5	1	0	1	0	0
6	2	1	0	0	0
7	2	0	1	4	0
8	0	1	4	0	3
9	1	1	6	0	0
10	0	1	9	5	9
11	0	2^{31}	0	0	0

(a) Finales BDD   (b) Einträge in der UT

Abbildung 3.4 Hashverfahren der UT

bzw. einen linearen Aufwand zu verhindern. Daher ist es weiterhin notwendig, die UT-Kapazität *dynamisch* verändern zu können. Dies ist zudem erforderlich, da in der Praxis Probleme existieren, für die keine oder nur schwierig geeignete Kapazitäten geschätzt werden können.

Bemerkung. Empirische Resultate legen nahe, Probleme zu klassifizieren und initiale Kapazitäten festzulegen [88]: 1. winzig (1.000), 2. klein (10.000), 3. mittel (100.000) und 4. groß (1.000.000).

Das Listing 3.2 veranschaulicht die Realisierung einer möglichen Anpassung, in der die UT zunächst in den Zeilen 3–6 verdoppelt bzw. auf die nächste Primzahl gesetzt wird. Die Verdopplung ist eine bekannte Technik zur Erweiterung, die sich in der Praxis für viele Problemstellungen bewährt hat [78]. Anschließend erfolgt eine Initialisierung der neuen Plätze in den Zeilen 8–12 gemäß Beispiel 3.2. Ab Zeile 14 findet aufgrund der Kapazitätserhöhung das Rehashing statt, indem die Hashadressen für jeden Knoten neu berechnet werden. Aufgrund der Alterskondition bleiben die Knoten an ihren Plätzen, d. h. der jeweilige Handle ist weiterhin valide. Allerdings müssen hierbei die Attribute `head` und `next` entsprechend angepasst werden, damit u. a. Synthesen weiterhin korrekt funktionieren und angeforderte

Listing 3.2 Anpassung der UT-Kapazität

```
 1 void expand()
 2 {
 3    auto new_capacity{next_prime(2 * uint64_t(m))};
 4    auto old_capacity = m;
 5    for (auto& node : nodes) node.head = 0;
 6    nodes.reserve(new_capacity);
 7
 8    for (dd i = old_capacity; i < new_capacity; ++i)
 9    {
10        nodes.push_back({0, 0, 0, 0, i + 1, ...});
11        mark_as_unused(i);
12    }
13
14    free_node_count = 0;
15    next_free_node_index = 0;
16    for (dd i = uint32_t(new_capacity) - 1; i >= 2; --i)
17    {
18        auto& node = nodes[i];
19        if (is_used(i))
20        {
21            auto hash = h(node.lvl, node.high, node.low);
22            node.next = nodes[hash].head;
23            nodes[hash].head = i;
24        }
25        else
26        {
27            node.next = next_free_node_index;
28            next_free_node_index = i;
29            ++free_node_count;
30        }
31    }
32 }
```

Knoten gefunden werden können bzw. die Kanonizität weiterhin gewährleistet wird.[3]

Um Zusatzkosten durch die Realisierung der Kapazitätsadaption zu reduzieren, ist es erforderlich, geeignete Zeitpunkte für das resultierende Rehashing zu bestimmen. Daher existiert in find_or_add zusätzlich ein Schwellenwert ξ, der bei

---

[3] Hierzu wird rückwärts über nodes iteriert, da aufgrund der GC freie Plätze innerhalb [0; n] existieren können, was im Detail in Abschnitt 3.1.2 beschrieben wird.

Erreichung ein Rehashing auslöst. Dieser ist zwar problemabhängig, jedoch haben sich in der Praxis Gleitkommazahlen im Bereich [0,7; 0,9] bewährt [78]. Durch einen erneuten Blick auf Abbildung 3.4 kann festgestellt werden, dass Knoten in der UT existieren, die zwar zum finalen BDD-Aufbau benötigt wurden, jedoch zurzeit nicht verwendet werden. Dies betrifft z. B. Knoten v_8. Da es in VLSI CAD Anwendungen bekanntlich nicht unüblich ist, mit Millionen von Knoten zu arbeiten, summiert sich die Anzahl solcher entsprechend. Daher werden im nächsten Abschnitt Strategien zur Bereinigung dieser entwickelt.

3.1.2 Speicherbereinigung

Probleme aus dem VLSI CAD haben unterschiedliche Charakteristika. Wenn bspw. SAT (vgl. Problem 2.2) entschieden werden soll, so sind einige Zwischenresultate, die zum finalen BDD-Aufbau notwendig waren, nicht mehr relevant und können gelöscht werden. Allerdings gibt es auch Probleme wie die sequenzielle Verifikation, wo sich einige Teilberechnungen aufgrund ähnlicher Strukturen wiederholen und ein sofortiges Löschen kontraproduktiv wäre [56]. Somit müsste nämlich eine erneute Synthese (vgl. Problem 2.8) durchgeführt werden anstatt das jeweilige Teilresultat einfach wiederzuverwenden. Neben der im letzten Abschnitt beschriebenen Allokation von zusammenhängenden Blöcken ist es daher auch erforderlich, das Interesse an Knoten zu bekunden und eine effiziente GC zu realisieren, um nicht mehr benötigten Speicherplatz entsprechend freizugeben.

Um das beschriebene Lokalitätsprinzip aus Abschnitt 3.1 neben den Maßnahmen aus dem letzten Abschnitt zu unterstützen, sollten Knoten gemäß ihrer Relevanz abgelegt werden. Unter Betrachtung von Definition 2.29 darf ein BDD mehrere Vorgänger haben, was mit der Kompaktheit einhergeht. Aus Speicherplatzgründen wäre es jedoch nicht sinnvoll, jede Referenz auf Vorgänger im Knoten zu speichern. Aus diesem Grund ist eine andere Zugriffsstrategie notwendig. Es wird ein Referenzzähler `ref` im `dd_node` (vgl. Abbildung 3.2) als Indikator eingeführt, um zu entscheiden, ob er noch benötigt wird. Da es theoretisch beliebig viele Referenzen auf einen Knoten geben kann, ist ein Kompromiss zwischen Knotenkompaktheit und Referenzanzahl notwendig: Um einen Überlauf zu verhindern, wird bei Erreichung des maximalen Werts 255 dieser „eingefroren". Der Maximalwert basiert auf mehreren Studien wie aus [12], der praktisch selten erreicht wird.

Bemerkung. Wegen der erhöhten Interessenbekundung an Senken und Literalen gilt der Maximalwert, d. h. `ref` = `255`, hierfür permanent.

Gilt `ref` = `0`, so wird der Knoten als „tot" angesehen, der jedoch innerhalb einer bestimmten Zeit „reanimiert" werden kann. Um den Aufwand zu minimieren, wird die Referenzzählung primär für externe Referenzen, d. h. die finalen „von außen" über den Handle `dd` zugänglichen BDDs, umgesetzt. Da auch GC-Aufrufe innerhalb von z. B. Synthesen notwendig sein können, erfolgt in solchen Fällen jedoch auch eine Zählung, um (noch) benötigte Zwischenresultate nicht zu verlieren und die Korrektheit zu garantieren.[4] Darüber hinaus wird dieser Entscheidungsprozess zur weiteren Aufwandsreduzierung (automatisch) mit dem möglichen Rehashing kombiniert bzw. davor geschaltet, was in Listing 3.3 veranschaulicht ist. Im Fall eines negativen Existenztests und Erreichung des Schwellenwerts ξ, wird in den Zeilen 9–14 eine GC durchgeführt, wobei `high` und `low` referenziert werden, um währenddessen erhalten zu bleiben. Wird der Schwellenwert τ in Zeile 16, d. h. der

Listing 3.3 GC und Rehashing

```
 1  dd find_or_add(level lvl, dd high, dd low) {
 2    ...
 3    while (res != 0)
 4    {
 5      ...
 6    }
 7    if (β >= ξ)
 8    {
 9      float old_size{float(n)};
10      ref(high); // keep the high child alive
11      ref(low);  // keep the low child alive
12      gc();
13      deref(high); // a temporary high child can be cleared
14      deref(low);  // a temporary low child can be cleared
15
16      if (1.0f - (n / old_size) <= τ)
17      {
18        expand();
19        hash = h(lvl, high, low);
20      }
21    }
22    ...
23  }
```

---

[4] Die GC-Integration in die Synthese ist im späteren Verlauf in Listing 3.8 ersichtlich.

prozentuale geforderte Anteil an bereinigten Knoten, nicht überschritten, so wird das Rehashing (vgl. Listing 3.2) ab Zeile 18 ausgelöst. Je nach UT-Kapazität ist für τ eine Gleitkommazahl im Bereich [0,1; 0,2] ratsam, um Ausführungen in erhöhter Frequenz bez. expand bzw. gc zu vermeiden.

Konkret ist die GC als *Mark-and-Sweep-Algorithmus* implementiert, der in Listing 3.4 veranschaulicht wird. Die Zeilen 3–7 beschreiben die sog. *Mark-Phase*, in der die lebenden (erreichbaren) Knoten markiert werden. Um dies festzustellen, wird durch mark_as_visited_rec eine DFS durchgeführt. Analog zur Bitmanipulation aus dem letzten Abschnitt, um unbenutzte Plätze in der UT zu kennzeichnen, wird hier das MSB von lvl zur Markierung von *Erreichbarkeit* gesetzt. Somit werden maximal $2^{15} - 1$ Variablen unterstützt, die $2^{31} - 1$ Knoten markieren können.

Listing 3.4 Prinzip der GC

```
 1  void gc()
 2  {
 3    for (dd i = 0; i < m; ++i) // mark phase
 4    {
 5      if (is_used(i) && has_ref(i)) mark_as_visited_rec(i);
 6      nodes[i].head = 0;
 7    }
 8
 9    free_node_count = 0;
10    next_free_node_index = 0;
11    for (dd i = m - 1; i >= 2; --i) // sweep phase
12    {
13      auto& node = nodes[i];
14      if (is_visited(i) && is_used(i))
15      {
16        mark_as_visited(i);
17        auto hash = h(node.lvl, node.high, node.low);
18        node.next = nodes[hash].head;
19        nodes[hash].head = i;
20      }
21      else
22      {
23        mark_as_unused(i);
24        node.next = next_free_node_index;
25        next_free_node_index = i;
26        ++free_node_count;
27      }
28    }
29  }
```

Die sog. *Sweep-Phase* wird durch die Zeilen 9–28 verkörpert, in der nun jeder nicht erreichte Knoten bereinigt wird, um Platz für weitere Knoten zu schaffen. Hierzu wird rückwärts über `nodes` iteriert, um `next_free_node_index` auf den ersten frei gewordenen Platz in Richtung Listenanfang von `nodes` zu setzen, damit mögliche Fragmente im weiteren Prozess automatisch durch Knoten überschrieben werden.

Beispiel 3.3 Unter Annahme des Zustands aus Abbildung 3.4 gilt für die Knoten $v_0, \ldots, v_7$ stets `ref = 255`, da sie Senken bzw. Literale darstellen. Das finale BDD v_{10} stellt eine externe Referenz dar, d. h. es gilt hierbei `ref = 1`. Wird `gc` aufgerufen, so wird festgestellt, dass u. a. v_9 erreicht wird, woraufhin `ref = 1` gesetzt wird. Der Knoten v_8 hingegen wird nicht erreicht und gilt daher als tot. Somit wird er bereinigt, d. h. v_8 und v_{11} können (wieder) belegt werden.

Welche Schaltfunktion durch einen Knoten repräsentiert wird, ist daher systemtheoretisch nicht zeitinvariant. Bez. Abbildung 3.3 werden tote Knoten von einem Level-1-Cache verwaltet, die in $\mathcal{O}(1)$ reanimiert werden können. Wenn diese Knoten endgültig ausscheiden, kann sich diese Prozedur als Level-2-Cache vorgestellt werden, der die allozierten Speicherblöcke verwaltet und somit die Freispeicherliste repräsentiert. Wenn der Speicher nicht ausreicht, so müssen neue Speicherblöcke vom OS, bezogen auf den DRAM, angefragt werden.

Bemerkung. Im Vergleich zum Ansatz *Referenzzählung* [56] ist kein zusätzlicher Verwaltungsaufwand durch z. B. einen Ringpuffer notwendig, um tote Knoten zu verwalten. Darüber hinaus gibt es keine Probleme im Umgang mit zyklischen Referenzen.

Um die analysierte Komplexität der Synthesen aus dem letzten Kapitel zu gewährleisten, sind neben der UT Caches relevant, damit unnötige Mehrfachberechnungen vermieden werden können. Diese können auch auf tote Knoten verweisen. Jedoch ist es möglich, dass referenzierte Knoten bereits bereinigt oder die dazugehörigen Plätze neu belegt worden sind. Um dieses fehlerhafte Szenario zu vermeiden, sind weitere Zugriffsstrategien notwendig. Neben der grundsätzlichen Einführung von Caches werden daher im nächsten Abschnitt entsprechende Zugriffsmöglichkeiten bez. der GC aufgezeigt.

3.2   Caches

Im letzten Kapitel wurde die Komplexität der universellen Synthese ite (vgl. Theorem 2.35) unter Annahme einer idealen UT und CT für Operanden f, g und h erarbeitet. In Abschnitt 3.1.1 konnte gezeigt werden, dass UT-Zugriffe im Mittel in $\mathcal{O}(1)$ möglich sind. Unter Betrachtung des ite-Operators (vgl. Algorithmus 2.1) erfolgen zudem CT-Aufrufe, um auf bereits berechnete Operanden-Kombinationen zu prüfen und im Erfolgsfall direkt zurückzugeben. Hierdurch wird nochmals bestärkt, dass ein unmittelbares Löschen von gerade nicht verwendeten Knoten kontraproduktiv wäre, da sie weiterhin für den Caching-Mechanismus der CT bedeutsam sein können. Ist der Existenztest negativ, so wird das Resultat für diese Kombination berechnet und als CT-Eintrag abgelegt. Im Vergleich zu UT-Mechanismen können also Parallelen festgestellt werden. Aus Speicherplatzgründen wäre es nicht sinnvoll, eine CT mit |f||g||h| Plätzen zu initialisieren. Daher ist es naheliegend, die CT auch als Hashtabelle zu realisieren, um Speicherplatz zu sparen und die in Abschnitt 3.1 angesprochene Lokalität für einen schnelleren Zugriff, aufgrund von kürzlich berechneten wieder zu verwendeten Resultaten, auszunutzen.

Die Klasse ct (vgl. Abbildung 3.5) stellt im Allgemeinen einen Operationscache dar, um unnötige Mehrfachberechnungen, d. h. Berechnungen, die zum gleichen Ergebnis führen, zu vermeiden. Dementsprechend wird sie als *cachebasierte Hashtabelle* realisiert, d. h. es wird *Hashing mit Verlust* eingesetzt, was stellvertretend durch Listing 3.5 veranschaulicht wird. Wenn also bspw. für ein Resultat $h(v_{20}, v_{21}, v_{22})$ der gleiche Hashwert wie für ein vorhandenes Resultat $h(v_{10}, v_{11}, v_{12})$ in entries erzeugt wird, so wird es einfach überschrieben. Hierbei beziehen sich die Operanden auf a, b und c des Typs ct_entry. Das Resultat entspricht r. Analog zur UT bzw. Definition 3.1 muss anhand von Ope-

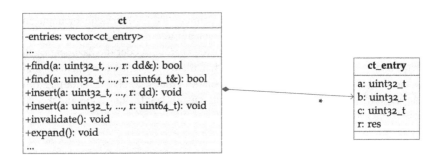

Abbildung 3.5 Realisierung der CT und des CT-Eintrags

Listing 3.5 Hashing mit Verlust

```
1 void insert(uint32_t a, uint32_t b, uint32_t c, dd r)
2 {
3   auto& entry = entries[h(a, b, c)];
4   entry.a = a;
5   entry.b = b;
6   entry.c = c;
7   entry.r.dd_res = r;
8 }
```

randen ein Schlüssel k spezifiziert werden. Hier können die Erkenntnisse aus Abschnitt 3.1.1 genutzt werden, womit die Hashfunktion $h(k)$ aus Gleichung 3.1 Anwendung findet.

Entgegen der UT wird für die CT keine Kollisionsstrategie eingesetzt. Zunächst sei festgehalten, dass im Gegensatz zur UT Knoten innerhalb einer CT direkt gelöscht werden dürfen, da die Eindeutigkeit nicht eingehalten werden muss. Jedoch auch ohne Betrachtung dieser Kondition wäre ein derartiger Mechanismus eher ungeeignet, was insbesondere mit dem Synthese-Verhalten begründet werden kann. Synthesen erzeugen sukzessive mögliche CT-Einträge, d. h. jeder Syntheseschritt wird aufgezeichnet. Wird eine Entscheidungsinstanz betrachtet, so ist es natürlich möglich, für Entscheidungen CT-Einträge in Ketten zu finden. Jedoch kommt es häufig vor, dass ein „Hinabsteigen" innerhalb der rekursiven Prozedur im Vergleich schneller ist, was durch empirische Studien herausgefunden wurde [56].[5] Zudem resultieren ohnehin häufig negative Existenztests, da viele Berechnungen zuvor noch nicht erfolgt sind. Ein solcher Existenztest ist beispielhaft in Listing 3.6 veranschaulicht. Hervorzuheben ist hierbei Zeile 4, in der – analog zur UT – eine Bitmanipulation eingesetzt wird, um die Gültigkeit eines Eintrags zu markieren. Ist das MSB o. B. d. A. von a eines Eintrags des Typs ct_entry gesetzt, so ist er invalide. Dies wird dadurch gerechtfertigt, dass gemäß Abschnitt 3.1.1 maximal $2^{31} - 1$ Knoten simultan in der UT existieren können.

---

[5] Es sei erwähnt, dass im Worst Case theoretisch die Möglichkeit besteht, dass alle berechneten Hashwerte identisch sind und Einträge stets überschrieben werden, was zu einem exponentiellen Zeitverhalten der Synthesen führen würde. Dieser Extremfall tritt jedoch bei der Wahl einer geeigneten Hashfunktion praktisch nicht auf [102].

Listing 3.6 Existenztest der CT

```
 1  bool find(uint32_t a, uint32_t b, uint32_t c, dd& r)
 2  {
 3    auto& entry = entries[h(a, b, c)];
 4    if (is_valid(entry) && entry.a == a && entry.b == b &&
 5        entry.c == c)
 6    {
 7      r = entry.r.dd_res;
 8      return true;
 9    }
10    else
11    {
12      return false;
13    }
14  }
```

Beispiel 3.4 Sei $f \in \mathcal{B}_5$ mit $f(x_0, x_1, x_2, x_3, x_4) = x_2 x_3 + x_0 x_1 + x_4$ gegeben. Die Abbildung 3.6 zeigt den Aufbau eines BDD unter Verwendung von apply. Während des Aufbaus kann z. B. nach dem jeweiligen „Wiederaufstieg" zu Knoten v_{19} für dessen low-Kind v_{17} über find festgestellt werden, dass dieser Subgraph bereits berechnet und via insert in der CT abgelegt wurde. Er ist nämlich auch das

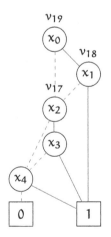

Abbildung 3.6 Cache Hit in der CT

low-Kind von v_{18}. Somit kann er ohne einen weiteren rekursiven Abstieg direkt zurückgegeben werden.

Im Paket gibt es mehrere Synthese-Operatoren und diverse andere Operationen (vgl. Abschnitt 2.1.2). Um Überschreibungen in Anlehnung zur gewählten Strategie in einer erhöhten Frequenz vorzubeugen, werden anstelle einer CT mehrere CTs für Operationen eingesetzt. Stellvertretend seien hierzu die überladenen Methoden find und insert mit dem letzten Operanden des Typs uint64_t aus Abbildung 3.5 erwähnt, womit bspw. (bereits) berechnete Resultate von $SAT\_COUNT_{\mathcal{BDD}}$ (vgl. Problem 2.4) gespeichert werden können.[6] Da nur ein Ergebnistyp zur Zeit benötigt wird, ist res als Vereinigung realisiert, d. h. der dazugehörige Speicherplatz wird geteilt. Weiterhin kann für die binäre Synthese (vgl. Algorithmus 2.2) die Operation $\otimes$ als Operand verwendet werden, um Ergebnisse sowohl abzuspeichern als auch wiederzuverwenden. Da die Operanden-Anzahl problemabhängig ist, sind weitere Überladungen existent.

Im letzten Abschnitt wurde die GC eingeführt, um nicht mehr benötigte synthetisierte Knoten strategisch zu bereinigen. Sobald jedoch gc (vgl. Listing 3.4) aufgerufen wird, resultiert ohne weitere Maßnahmen bez. der CT zwangsläufig ein Fehlverhalten.

Beispiel 3.5 Wenn unter Betrachtung von Beispiel 3.3 v_8 erneut mit einem anderen Tripel als $(0, 1, 4)$ belegt werden würde, so liefert eine entsprechende CT-Abfrage nach wie vor $(0, 1, 4)$.

Wenn also ein Knoten in den Level-2-Cache transportiert wird, so sind die Referenzen der CT darauf (als Operand oder Resultat) invalide. Für ite gilt bspw. $\{(f, g, h, r) \in CT \mid v \in \{f, g, h, r\}, r = ite(f, g, h)\}$. Während für die Berechnung des jeweiligen Hashwerts der Operationen *Suchen* und *Einfügen* die Operanden notwendig sind, ist für die Operation *Löschen* nur ein Operand oder das Resultat verfügbar. Somit existiert keine direkte Möglichkeit, auf die Bereinigung zu reagieren, ohne über die ganze CT iterieren zu müssen, was praktisch unzulänglich wäre. Dennoch ist es notwendig, entsprechende Einträge zu invalidieren bzw. explizit als solche zu kennzeichnen. Unter Annahme einer geeigneten Hashfunktion sowie eines geeigneten Belegungsfaktors werden daher die CT-Einträge – zur Vermeidung

---

[6] Eine mögliche Realisierung zur Lösung dieses Problems unter Verwendung einer solchen CT ist in Listing 3.10 ersichtlich.

von zusätzlichem Verwaltungsaufwand – im Fall einer GC mittels `invalidate`
invalidiert, d. h. die CT wird geleert. Durch Hinzunahme diverser Experimente
kann begründet werden, dass sich diese Maßnahme bereits praktisch bewährt hat
[102].

Analog zur UT ist die gewählte CT-Größe problemabhängig, wobei aufgrund
der in Abschnitt 3.1.1 dargelegten empirischen Resultate eine (initiale) Größe von
ca. 10 % der UT-Kapazität empfohlen wird (vgl. Tabelle 3.1). Da auch hier die
Größe nicht für alle Probleme optimal geschätzt werden kann, ist eine dynamische
Anpassung der Größe notwendig. Da aufgrund der Referenzen auf Knoten der UT
ein Zusammenhang besteht, bietet es sich an, den Zeitpunkt für die Adaption daran
zu koppeln. Wenn also die UT gemäß Listing 3.3 angepasst wird, so auch die CT,
was in Listing 3.7 ersichtlich ist.

Um die CT möglichst klein und effizient zu halten, ist es bei diversen Operationen
sinnvoll, mögliche Einträge vorher zu standardisieren. Wird also z. B. ein Eintrag
wie (v_{10}, v_{11}) betrachtet, so soll er auch unter (v_{11}, v_{10}) gefunden werden, weshalb
eine Ordnung definiert werden muss, um diese Symmetrie auszunutzen. Ein Beispiel
für eine Operation, wo solche Ordnungen zu Verbesserungen führen können, bildet
die anfangs aufgeführte Synthese `ite`. Diese und andere Operationen können durch
einen sog. *Manager* gesteuert werden, der darüber hinaus auch wesentliche Datenstrukturen wie die UT und CT zusammenfasst, damit Ausführungen koexistieren
können.

Tabelle 3.1 Klassifikation von Problemen

PROBLEM	UT-KAPAZITÄT	CT-GRÖßE
winzig	1.000	100
klein	10.000	1.000
mittel	100.000	10.000
groß	1.000.000	100.000

Listing 3.7 Anpassung der CT-Größe

```
1  void expand()
2  {
3    auto new_size = next_prime(2 * uint64_t(n));
4    invalidate();
5    entries.resize(new_size);
6  }
```

3.3 Manager

In den Abschnitten 3.1 und 3.2 wurden die Hashtabellen innerhalb von MBDD eingeführt: 1. ut und 2. ct. Eine Möglichkeit bestünde nun darin, diese global zur Verfügung zu stellen und in verschiedenen Operationen wie ite (vgl. Algorithmus 2.1) und apply (vgl. Algorithmus 2.2) zu nutzen. Jedoch könnte somit das Paket nur einmal in einem einzelnen Prozess ausgeführt werden. Um mehrere Ausführungen zu erlauben, die koexistieren können, wird im Folgenden das *Manager-Konzept* eingeführt.

Der Manager dd_manager (vgl. Abbildung 3.7) fasst die UT und mehrere CTs als ut und cts zusammen, initialisiert sie anhand von gegebenen Kapazitäten bzw. Größen wie ut_capacity und ct_size sowie eingeführter Schwellenwerte und unterstützt (initial) n Variablen. Die initiale Variablenordnung ist $\pi : x_0 < \ldots < x_{n-1}$, wobei $n \in \mathbb{N}$. Während mittels var_support (weitere) Variablen angefragt werden können, gibt var anhand eines Index i und Polarität eine Referenz

dd_manager
-ut: ut
-cts: vector<ct>
-apply_op: op
...
+dd_manager(ut_capacity: uint32_t, ct_size: uint32_t, n: uint16_t, ...)
+var(i: uint16_t, polarity: bool): dd
+var_support(n: uint16_t): void
+ite(f: dd, g: dd, h: dd): dd
+conjunction(f: dd, g: dd): dd
+sat(root: dd): bool
+sat_count(root: dd): uint64_t
+from_pla(path: string&): vector<dd>
+from_dimacs(path: string&): dd
-standardize(f: dd&, g: dd&, h: dd&): void
-apply(f: dd, g: dd): dd
-sat_count_rec(subtree: dd): uint64_t
...

Abbildung 3.7 Realisierung des DD-Managers

auf einen Knoten v der Form $(i, 1, 0)$ bzw. $(i, 0, 1)$ zurück. Abschließend steuert der DD-Manager u. a. die ersichtlichen Operationen.

In der Beweisführung von Theorem 2.35 über die Komplexität der ite-Operation wurde der Zeitaufwand $\mathcal{O}(|f\|g\|h|)$ für die Operanden f, g und h unter der Voraussetzung einer idealen UT und CT bewiesen, die mittlerweile auch dahingehend diskutiert worden sind. Jedoch wurde auch erwähnt, dass sich der durchschnittliche Aufwand häufig der BDD-Größe approximiert. Dies ist insbesondere darauf zurückzuführen, dass die Synthese durch technische „Tricks" – fernab der theoretischen Analyse – weiter verbessert werden kann. Über die Ausführung des in Listing 3.8 veranschaulichten ite-Algorithmus, der Algorithmus 2.1 konkretisiert, lässt sich beobachten, dass es mehrdeutige ite-Anfragen (f, g, h) und (f', g', h') gibt, die zu derselben Berechnung $\mathrm{ite}(f, g, h) = \mathrm{ite}(f', g', h')$ führen: Es gilt u. a.

$$\begin{aligned} f + g &= \mathrm{ite}(f, 1, g) \\ &= \mathrm{ite}(g, 1, f) \\ &= \mathrm{ite}(f, f, g) \\ &= \mathrm{ite}(g, g, f). \end{aligned}$$

Um die Effizienz des ite-Algorithmus weiter zu steigern, ist es naheliegend, alle möglichen Tripel für Operanden der vorliegenden Menge $\{f, \bar{f}, g, \bar{g}, h, \bar{h}, 0, 1\}$ aufzuzählen und in Äquivalenzklassen zusammenzufassen sowie einen Repräsentanten für die Durchführung von ite zu bestimmen, welcher in der CT abgelegt wird, damit die CT einen insgesamt geringeren Speicherbedarf hat und die Trefferrate erhöht wird. Der erste Transformationsschritt in standardize (vgl. Zeile 7) zur Standardisierung besteht darin, Funktionen durch Konstanten (falls möglich) zu ersetzen, d. h. u. a. sind die Umformungen

$$\begin{aligned} \mathrm{ite}(f, g, g) &\Longrightarrow \mathrm{ite}(f, 1, g), \\ \mathrm{ite}(f, g, f) &\Longrightarrow \mathrm{ite}(f, g, 0), \\ \mathrm{ite}(f, g, \bar{f}) &\Longrightarrow \mathrm{ite}(f, g, 1) \text{ und} \\ \mathrm{ite}(f, \bar{f}, g) &\Longrightarrow \mathrm{ite}(f, 0, g) \end{aligned}$$

realisiert. Im zweiten Transformationsschritt wird die Kommutativität des ite-Operators durch

Listing 3.8 Universelle BDD-Synthese

```
 1  dd ite(dd f, dd g, dd h)
 2  {
 3    if (is_one(f) || g == h) return g; // ite(f, g, g) = ite(1, g, h) = g
 4    ...
 5    else if (f == h || is_zero(h)) return conjunction(f, g);
 6    dd res, high;
 7    standardize(f, g, h);
 8    auto& ct = cts[cache_id::ITE];
 9    if (ct.find(f, g, h, res)) return res;
10    if (ut[f].lvl > ut[g].lvl)
11    {
12      if (ut[g].lvl > ut[h].lvl)
13      {
14        high = ite(f, g, ut[h].high);
15        ut.ref(high); // keep the computed high child alive
16        res = ut.find_or_add(ut[h].lvl, high, ite(f, g, ut[h].low)); // i, t, e
17      }
18      else if (ut[g].lvl == ut[h].lvl)
19        ...
20      else
21      {
22        high = ite(f, ut[g].high, h);
23        ut.ref(high);
24        res = ut.find_or_add(ut[g].lvl, high, ite(f, ut[g].low, h));
25      }
26    }
27    else if (ut[f].lvl == ut[g].lvl)
28      ...
29    else
30    {
31      if (ut[f].lvl > ut[h].lvl)
32      {
33        high = ite(f, g, ut[h].high);
34        ut.ref(high);
35        res = ut.find_or_add(ut[h].lvl, high, ite(f, g, ut[h].low));
36      }
37      else if (ut[f].lvl == ut[h].lvl)
38        ...
39      else
40      {
41        high = ite(ut[f].high, g, h);
42        ut.ref(high);
43        res = ut.find_or_add(ut[f].lvl, high, ite(ut[f].low, g, h));
44      }
45    }
46    ut.deref(high); // the high child can be cleared by the GC
47    ct.insert(f, g, h, res);
48    return res;
49  }
```

$$\text{ite}(f, 1, g) = \text{ite}(g, 1, f),$$
$$\text{ite}(f, g, 0) = \text{ite}(g, f, 0),$$
$$\text{ite}(f, g, 1) = \text{ite}(\overline{g}, \overline{f}, 1),$$
$$\text{ite}(f, 0, g) = \text{ite}(\overline{g}, 0, \overline{f}) \text{ und}$$
$$\text{ite}(f, g, \overline{g}) = \text{ite}(g, f, \overline{f})$$

ausgenutzt, wenn einer der letzten beiden Operanden konstant oder komplementär ist. Dabei wird eine Form des Paares gewählt, bei der das erste Argument von einer in der Ordnung π weiter vorne stehenden Variable abhängt [84]. Ist das erste Argument eine in π am weitesten vorne stehende Variable x_i, so wird der Knoten v mit $var(v) = x_i$ unmittelbar produziert. Die anderen Argumente repräsentieren dann das high- bzw. low-Kind.

Wie bereits in Abschnitt 2.2.3 angesprochen, führt ite bei vorliegenden binären Operationen unnötige Operanden-Vergleiche durch, da ein Operand bereits eine Senke darstellt. Daher wird ite bspw. in Zeile 5 auf die Konjunktion aus $\mathcal{B}_2$ (vgl. Tabelle 2.4) „runter gebrochen", dessen Methodenkörper in Listing 3.9 ersichtlich ist. Es ist ausreichend, einem Operator apply_op eine eindeutige ID durch die Aufzählung op zu geben, um diese in apply identifizieren zu können und entsprechend ausgewählte Verbesserungen zu erlauben. Somit können z. B. für die Konjunktion die in Definition 2.4 ersichtliche Neutralität, Proposition 2.1 (Idempotenz) oder Gesetz 2.5 (Extremal) als Terminalfälle individuell ausgenutzt werden. Dies funktioniert für andere binäre Operationen analog. Darüber hinaus kann analog zu ite allgemein von ähnlichen Standardisierungen profitiert werden. Hierbei werden – wie im letzten Abschnitt angerissen – bez. der Ordnung Paare anstelle von Tripel zugrunde gelegt, um die Effizienz der CT entsprechend zu steigern.

Die Synthesen – unter Verwendung einer UT und CTs – eines BDD-Pakets bilden die Grundlage für viele VLSI CAD Anwendungen und sind für einige Operationen von elementarer Bedeutung. Um bspw. SAT zu entscheiden, muss

---

Listing 3.9 Binäre Synthese

```
1 dd conjunction(dd f, dd g)
2 {
3   apply_op = op::CONJUNCTION;
4   return apply(f, g);
5 }
```

typischerweise zunächst ein größeres BDD für eine Schaltfunktion aus der Kombination von kleineren BDDs aufgebaut werden. Die benannten Hashtabellen sind jedoch nicht nur innerhalb der Synthesen bedeutsam, sondern auch vereinzelt in Operationen wie sat und sat_count zu finden, was in Listing 3.10 veranschaulicht wird. Durch Nutzung der UT und Gewährleistung von Kanonizität genügt in Zeile 3 die Abfrage, ob die Wurzel root der 0-Senke entspricht, wobei sich die algorithmische Realisierung mit der dazugehörigen Beweisführung von Theorem 2.30 deckt. Ab Zeile 6 wird die Beweisführung von Theorem 2.32 algorithmisch realisiert. In Zeile 18 erfolgt bez. der dazugehörigen CT die Prüfung, ob für

Listing 3.10 Test auf Erfüllbarkeit

```
 1  bool sat(dd root)
 2  {
 3    return !is_zero(root); // a root != 0 implies a 1-sink
 4  }
 5
 6  uint64_t sat_count(dd root)
 7  {
 8    // based on the knowledge that the 1-sink corresponds
          to 2^n
 9    // satisfying assignments
10    return (pow2(ut[root].lvl) * sat_count_rec(root));
11  }
12
13  uint64_t sat_count_rec(dd subtree)
14  {
15    if (is_sink(subtree)) return subtree;
16    uint64_t count{};
17    auto& ct = cts[cache_id::MISC];
18    if (ct.find(subtree, misc_op::SAT_COUNT, count))
19    {
20      return count;
21    }
22    auto& node = ut[subtree];
23    count = pow2(ut[node.low].lvl - node.lvl - 1) *
24            sat_count_rec(node.low) +
25            pow2(ut[node.high].lvl - node.lvl - 1) *
26            sat_count_rec(node.high);
27    ct.insert(subtree, misc_op::SAT_COUNT, count);
28    return count;
29  }
```

eine Schaltfunktion bereits die Anzahl an erfüllenden Belegungen berechnet wurde. Im Erfolgsfall kann diese unmittelbar zurückgegeben werden. Ansonsten wird sie über einen rekursiven Abstieg berechnet und ein jeweiliges Teilergebnis in Zeile 27 abgelegt. Auf ähnliche Art und Weise können andere beschriebene Probleme aus Abschnitt 2.1.2 unter Verwendung der UT und CTs algorithmisch realisiert werden.

Zum jetzigen Zeitpunkt ist das Paket zwar dazu in der Lage, Probleme aus dem VLSI CAD effizient zu lösen, jedoch kann durch die Arbeit damit schnell auf umgehbare andere Probleme gestoßen werden. So ist es leicht möglich, die Referenzierung sog. *externer Knoten*, die sich hierbei auf von Benutzern angeforderte finale BDDs beziehen, zu vergessen. Wird bspw. erneut Listing 3.8 bzw. Zeile 15 betrachtet, so kann festgestellt werden, dass das high-Kind explizit referenziert wird, damit es im Fall einer GC während der rekursiven Prozedur nicht verloren geht. Weiterhin ist der Umgang mit dem Paket an mehreren Stellen noch mühselig, da bspw. NFs mit hohen Kosten in einer hohen Verschachtelungstiefe münden, um BDDs daraus aufzubauen. Diese Art von Umsetzung wird von mehreren Benutzern wie bspw. G. Janssen [64] negativ aufgefasst. Daher befasst sich der nächste Abschnitt damit, die Benutzerfreundlichkeit zu steigern.

3.4   BDD-Manager

Terminologisch können DD-Varianten auf unterschiedliche Art und Weise klassifiziert werden:

(1) Bit-Ebene ($f : \mathbb{B}^n \rightarrow \mathbb{B}^m$) und
(2) Wort-Ebene ($f : \mathbb{B}^n \rightarrow \mathbb{Z}^m$).

Während zu (1) z. B. *ROBDDs* (vgl. Abschnitt 2.2.3) sowie *Functional DDs* [52] zählen, werden unter (2) bspw. *Algebraic DDs* [44] und *Binary Moment Diagrams* [20] zusammengefasst, die sich u. a. in der Wahl von Dekompositionstypen unterscheiden. Um eine bestimmte Variante auszudrücken, kann der DD-Manager spezialisiert werden: 1. `bdd_manager` und 2. `bdd` (vgl. Abbildung 3.8). Der BDD-Manager verhält sich ähnlich zum DD-Manager, jedoch mit dem Unterschied, dass er auf BDD-Objekten operiert. Wird ein BDD-Manager initialisiert, so wird ihm bis zum Ende seines Lebenszyklus ein DD-Manager durch den Zeiger `manager` – relativ zu den Hashtabellen – fest zugeordnet, über den Operationen aufgerufen werden können. So können bspw. BDD-Variablen über `var` zur Kombination von BDD-Objekten mittels `ite` angefordert werden, um ein neues (größeres) BDD zurückzugeben (vgl. Listing 3.11). Die Klasse `bdd` hüllt einen Handle `root` des Typs `dd`

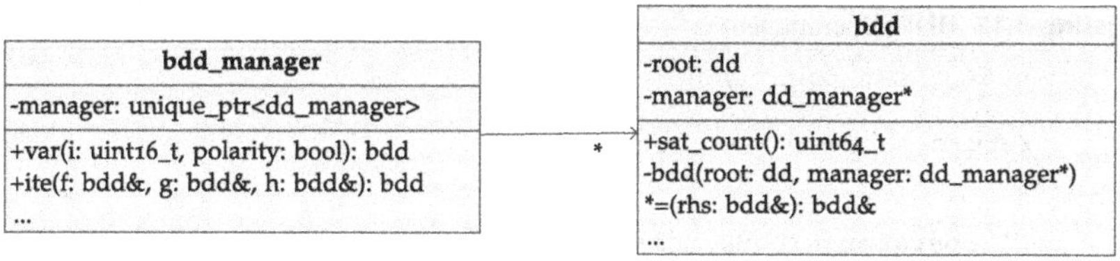

bdd_manager
-manager: unique_ptr<dd_manager>
+var(i: uint16_t, polarity: bool): bdd
+ite(f: bdd&, g: bdd&, h: bdd&): bdd
...

bdd
-root: dd
-manager: dd_manager*
+sat_count(): uint64_t
-bdd(root: dd, manager: dd_manager*)
*=(rhs: bdd&): bdd&
...

*

Abbildung 3.8 Realisierung des BDD-Managers

Listing 3.11 BDD-Synthese

```
1 bdd ite(bdd& f, bdd& g, bdd& h)
2 {
3     return bdd{manager->ite(f.root, g.root, h.root),
4                manager.get()};
5 }
```

ein, der sich auf den jeweiligen Platz in der UT bezieht und daher zur Identifizierung eines Knotens dd_node (vgl. Abbildung 3.2) dient. Darüber hinaus enthält er – wie der verwaltende DD-Manager – einen Zeiger manager, damit diverse Operationen wie sat_count direkt aufgerufen und Operatoren wie *= für u. a. binäre Synthesen (hier: Konjunktion) überladen werden können, was in Listing 3.12 ersichtlich ist. In diesem Kontext sei das geschilderte Problem aus dem letzten Abschnitt aufgegriffen: eine explizite Referenzierung von Knoten. Dadurch, dass verschiedene aufgezählte Informationen von einem BDD eingehüllt werden, kann auch die explizite Referenzierung zur Erhaltung externer Knoten „versteckt" werden. Hierfür bietet sich ein Konstruktor an, der in Listing 3.13 dargestellt ist. Analog dazu kann im Destruktor dereferenziert werden. Aufgrund der Einhüllungen wird unter der Klasse bdd daher auch ein sog. *Wrapper* verstanden.

Um Ordnungen auf NFs bez. dem BDD-Aufbau effektiv untersuchen zu können, müssen für das nun begründet effiziente und benutzerfreundliche Paket MBDD noch Routinen geschrieben werden, die solche aus Dateiformaten für Logiksynthese und formale Verifikation einlesen und entsprechend aufbereiten können. Der nächste Abschnitt wird diesbezüglich geeignete Formate vorstellen und Parser beschreiben, die sich der beschriebenen Problematik annehmen.

Listing 3.12 BDD-Operationen

```
 1  uint64_t sat_count()
 2  {
 3    return manager->sat_count(root);
 4  }
 5
 6  bdd& operator*=(bdd& rhs)
 7  {
 8    auto r = root; // keep the root alive during a possible GC
 9    root = manager->conjunction(root, rhs.root);
10    manager->deref(r); // the old root can be cleared by the GC
11    manager->ref(root);
12    return *this;
13  }
```

Listing 3.13 BDD-Konstruktor

```
 1  bdd(dd root, dd_manager* manager) : root{root}, manager{manager}
 2  {
 3    manager->ref(root);
 4  }
```

3.5   Der Parsing-Prozess

Auf dem Gebiet der Logiksynthese und formalen Verifikation gibt es verschiedene Dateiformate, die u. a. für Benchmarks eingesetzt werden [80]. Eine bekannte C++ Parser-Bibliothek, die diverse solcher Formate unterstützt und einlesen kann, ist *lorina* [103].[7] Jedes Format (formale Sprache) wird durch eine Grammatik beschrieben, wobei ein *abstrakter Syntaxbaum* (AST) zur Darstellung von Ausdrücken wie Zahlen von einem dazugehörigen Parser erzeugt wird. Damit individuell mit dem AST gearbeitet werden kann, ist aus Gründen der Erweiterbarkeit das Verhaltensmuster *Besucher* [95] umgesetzt, d. h. Objektstruktur und darauf operierende Algorithmen werden getrennt. Die Idee dahinter ist, dass ein unabhängiger Basisbesucher eine Sammlung von Objekten der Klassenhierarchie besucht und virtuelle Rückruffunktionen (Ereignispunkte) zur Überschreibung hat, um das Verhalten auf besuchte Objekte zu beschreiben. Somit kann der Basisbesucher durch verschiedene Ableitungen spezialisiert werden, um bestimmte Aktionen wie z. B.

---

[7] lorina kann auf https://github.com/hriener/lorina heruntergeladen werden (besucht am 22.04.2022).

eine Ausdrucks-Auswertung, -Ausgabe oder Transformation in ein anderes Format zur Weiterverarbeitung bestimmter Daten zu implementieren. In dieser Arbeit werden NFs im Kontext von BDD-Synthesen untersucht. Daher sind diese modelliert in Abbildung 3.9 zu finden. Unter Betrachtung von Definition 2.16 setzt sich eine NF aus Termen zusammen. Diese bestehen wiederum aus positiven bzw. negativen Literalen `lits`. Je nach Verknüpfung der Terme und Literale wird eine DNF oder CNF spezialisiert.

Bemerkung. Enthält eine Instanz des Typs `nf` nur einen Term, so handelt es sich gemäß Definition 2.15 um eine einstufige NF.

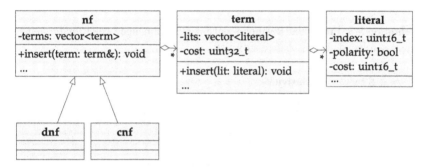

Abbildung 3.9 Realisierung von BEs

Um diese BEs im Kontext der Untersuchung von Ordnungseigenschaften manipulieren zu können, gibt es verschiedene Operationen wie *Einfügen* (`insert`).

Problem 3.1 (Sortierung)

Eingabe: Eine Folge $\langle e_1, \ldots, e_n \rangle$ mit Schlüsseln $k_1, \ldots, k_n$, auf denen eine Ordnung $\leqslant$ definiert ist

Ausgabe: $k_{\rho(1)} \leqslant k_{\rho(n)}$ durch eine Umordnung gemäß einer Permutation $\rho : \{1, \ldots, n\} \to \{1, \ldots, n\}$

Eine Voraussetzung hierfür ist die Definition einer *Ordnung* zwischen Instanzen eines Typs, um Schlüssel `cost` miteinander vergleichen und Instanzen durch einen Algorithmus ρ anordnen zu können.

Definition 3.2 Sei $\mathcal{R}$ ein Darstellungstyp bez. BEs, R die Menge konkreter Reali-sierungen von $\mathcal{R}$ und $\text{cost}_{\mathcal{R}} : R \rightarrow \mathbb{N}$ mit $\text{cost}_{\mathcal{R}}(r) > 0$ ein *Ordnungskriterium*, das jedem $r \in R$ Kosten zuweist. Dann bestimmt $\text{comp}_{\mathcal{R}} : R^2 \rightarrow \mathbb{Z}$ mit

$$\text{comp}_{\mathcal{R}}(r_1, r_2) = \begin{cases} -1 & \text{falls } \text{cost}_{\mathcal{R}}(r_1) < \text{cost}_{\mathcal{R}}(r_2) \\ 0 & \text{falls } \text{cost}_{\mathcal{R}}(r_1) = \text{cost}_{\mathcal{R}}(r_2) \\ 1 & \text{falls } \text{cost}_{\mathcal{R}}(r_1) > \text{cost}_{\mathcal{R}}(r_2) \end{cases}$$

die *Ordnung* für die anzuordnenden Realisierungen $r \in R$.

O. B. d. A. entspricht die definierte Ordnung offensichtlich einer *Totalordnung*, die verschiedene Eigenschaften aufweist:

Definition 3.3 Eine binäre Relation $\leqslant$ auf einer Grundmenge S heißt *Totalordnung*, wenn $\leqslant$ folgende Eigenschaften aufweist:

$\forall x \in S : x \leqslant x$ (Reflexivität),
$\forall x, y \in S : x \leqslant y \wedge y \leqslant x \Longrightarrow x = y$ (Antisymmetrie),
$\forall x, y, z \in S : x \leqslant y \wedge y \leqslant z \Longrightarrow x \leqslant z$ (Transitivität) und
$\forall x, y \in S : x \leqslant y \vee y \leqslant x$ (Linearität).

Es genügt, die Totalordnung als Verallgemeinerung der $\leqslant$-Relation auf einer Menge S zu definieren, da sich andere Relationen darauf zurückführen lassen.

Proposition 3.1 Sei $\leqslant$ eine Totalordnung auf einer Grundmenge S. Dann ist auch die zu $\leqslant$ konverse Relation $x \geqslant y :\Longleftrightarrow y \leqslant x$ $(x, y \in S)$ eine Totalordnung.

Beweis. Zeige, dass die konverse Relation $\geqslant$ reflexiv, antisymmetrisch, transitiv und linear ist:

$\geqslant$ ist reflexiv. $x \geqslant x$ gilt nach Definition gdw. $x \leqslant x$. Da $\leqslant$ reflexiv ist, folgt die Reflexivität von $\geqslant$.
$\geqslant$ ist antisymmetrisch. Unter Betrachtung von Definition 3.3 gilt $x \leqslant y \wedge y \leqslant x \Longrightarrow x = y$. Setze $x \geqslant y \Longleftrightarrow y \leqslant x$. Dann folgt die Antisymmetrie von $\geqslant$ mit $y \geqslant x \wedge x \geqslant y \Longrightarrow x = y$.
$\geqslant$ ist transitiv. Sei $x \geqslant y$ und $y \geqslant z$. Aus der Definition folgen $y \leqslant x$ und $z \leqslant y$. Aus der Transitivität von $\leqslant$ folgt $z \leqslant x$ und gemäß Definition folgt $x \geqslant z$. Also gilt $x \geqslant y \wedge y \geqslant z \Longrightarrow x \geqslant z$.

$\geqslant$ ist linear. Gemäß Definition 3.3 gilt $x \leqslant y \lor y \leqslant x$. Nach der Definition von $\geqslant$ gilt dann somit $y \geqslant x \lor x \geqslant y$. Daraus folgt die Behauptung.

$\square$

Proposition 3.2 Sei $\leqslant$ eine Totalordnung auf einer Grundmenge S. Dann ist die Relation $<$, d. h. $x < y :\Longleftrightarrow x \leqslant y \land x \neq y$ $(x, y \in S)$, eine strikte Totalordnung.

Beweis. Zeige, dass $<$ transitiv und trichotom ist:

$<$ ist transitiv. Sei $x < y \land y < z$. Gemäß Definition 2.34 gilt $(x \leqslant y \land x \neq y) \land (y \leqslant z \land y \neq z)$. Wegen der Transitivität von $\leqslant$ folgt $x \leqslant z$. Aufgrund der Antisymmetrie von $\leqslant$ folgt $\overline{x \leqslant y} \lor \overline{y \leqslant x}$ aus $x \neq y$. Wegen $x \leqslant y$ gilt $\overline{y \leqslant x}$. Zudem gilt $x \neq z$, da $x = z \not\Longrightarrow \overline{y \leqslant z}$. Entsprechend der Definition folgt aus $x \leqslant z \land x \neq z$ also $x < z$.

$<$ ist trichotom. Sei $x = y$. Gemäß Definition 2.34 gilt dann $x \not< y \land y \not< x$. Sei nun $x \neq y$. Wegen der Linearität von $\leqslant$ gilt $x \leqslant y \lor y \leqslant x$. Mit der Antisymmetrie von $\leqslant$ folgt $x \leqslant y \oplus y \leqslant x$. Also ergibt sich gemäß Definition $x < y \oplus y < x$ und damit $x < y \oplus x = y \oplus y < x$. Daraus folgt die Behauptung.

$\square$

Bemerkung. Weitere Rückführungen von Relationen auf einer Grundmenge S wie $x \leqslant y :\Longleftrightarrow x < y \lor x = y$ $(x, y \in S)$ können analog gezeigt werden.

Unter einer definierten Ordnung wird eine Sortierung ρ durchgeführt, indem mittels insert *Sortieren durch Einfügen* angewendet wird, d. h. es wird via Vergleiche von Ausdrücken durch comp stets in eine sortierte Array-Liste eingefügt und die Sortierung somit zu jedem Zeitpunkt eingehalten. Konkret ist hierzu die *binäre Suche* [110] um eine obere Schranke modifiziert, sodass sich im Zuge von maximal $\log_2 n$ Halbierungen für den Vergleich mit dem mittleren Ausdruck, um in der „richtigen" Hälfte weiterzusuchen, die Einfüge-Position hinter dem letzten gesuchten Platz befindet. Falls dort bereits Ausdrücke existieren, müssen diese entsprechend weiter nach hinten verschoben werden. Sobald eine Einfüge-Position gefunden wurde, wird der jeweilige Ausdruck dort eingefügt. Da es gemäß Proposition 2.2 für die Gesamtaussage gleichgültig ist, in welcher Reihenfolge die einzelnen Teilausdrücke der NFs verknüpft werden, arbeitet insert korrekt. Insgesamt resultiert für die Operation insert im Mittel ein Zeitaufwand von $\mathcal{O}(n \log n)$, wobei sich n auf die Anzahl der Ausdrücke bezieht.

Theorem 3.2 BEs können durch die Operation `insert` unter Beachtung einer definierten Ordnung `comp` im Mittel in $\mathcal{O}(n \log n)$ angeordnet werden.[8]

Bemerkung. Der in Definition 3.2 aufgestellte Sortierschlüssel ermöglicht offensichtlich Vergleiche in $\mathcal{O}(1)$.

Da sich die Untersuchungen dieser Arbeit neben den einstufigen Darstellungen auf DNFs und CNFs als zweistufige Repräsentationen fokussieren, sind die von lorina unterstützten Formate *PLA* und *DIMACS* zur Automatisierung dieses Prozesses von Interesse. Daher werden in den folgenden zwei Abschnitten dazugehörige Reader im Kontext des Parsing-Prozesses abgeleitet, um deren zur Verfügung stehenden Informationen in Instanzen der Typen `dnf` und `cnf` überführen zu können.

3.5.1 PLA-Reader

Das *PLA-Format* (`.pla`) ist eine textuelle Beschreibung eines zweistufigen SK (vgl. Abbildung 2.5). Es wird z. B. dazu eingesetzt, um entwickelte Optimierungstechniken zur Lösung von diversen VLSI CAD Problemen (vgl. Abschnitt 2.1.2) zu evaluieren. Weiterhin findet es u. a. in dem aus Abschnitt 2.1.4.2 beschriebenen Tool *Espresso* und Derivaten praktische Anwendung, die sich dem Grundproblem der zweistufigen Logikminimierung (vgl. Problem 2.12) annehmen. Darüber hinaus wird es auch in *AutoLogic* im Kontext der Logiksynthese eingesetzt, um kombinatorische Schaltungen anhand von gegebenen TTs zu produzieren.

Definition 3.4 Das Format *PLA* besteht aus einer TT, deren Größe durch die folgenden Schlüsselwörter spezifiziert ist:

`.i` (Anzahl der PIs)
`.o` (Anzahl der POs)
`.p` (Anzahl der Terme)

Weitere (optionale) Kommandos sind # (Kommentare), `.ilb` (Namen der PIs), `.ob` (Namen der POs) und `.e` (Ende der Spezifikation).

---

[8] Es wird von einer möglichen Reallokation abstrahiert.

Beispiel 3.6 Unter Betrachtung von Beispiel 2.14 resultieren durch die Anwendung von *Quine/McCluskey* bei gegebener TT aus Abbildung 2.2a die Polynome $f_1 = x_1\overline{x}_2 + x_1x_3$ und $f_2 = x_2x_3 + x_1x_3$, welche im PLA in Abbildung 2.2b realisiert sind. Dieses ist unter Nutzung von DCs (-) in Listing 3.14 textuell im PLA-Format beschrieben.

Um – nach dem Aufbau des AST – die Beschreibungen im PLA-Format in eine Parsing-Struktur pla mit Instanzen des Typs dnf zu überführen, wird eine Klasse pla_reader von lorina in Abbildung 3.10 spezialisiert. Diese Klasse implementiert dazu die aus dem letzten Kapitel dargelegten Ereignispunkte, um bei der Traversierung des AST auf die in Definition 3.4 spezifizierten Schlüsselwörter durch ein jeweiliges Verhalten entsprechend reagieren zu können.

Die Überführung eines geparsten Terms ist in Listing 3.15 veranschaulicht. Hierzu wird eine Zeile bez. der Aus- und Eingaben der spezifizierten TT spaltenweise verarbeitet, indem einzelne Literale zu einem Term zusammengesetzt und einer entsprechenden DNF zugeordnet werden. Um Reallokationen zu vermeiden,

Listing 3.14 Kodierung von DNFs im PLA-Format

```
1  .i 3
2  .o 2
3  .ilb x1 x2 x3
4  .ob f1 f2
5  .p 3
6
7  10- 1-
8  -11 -1
9  1-1 11
10
11  .e
```

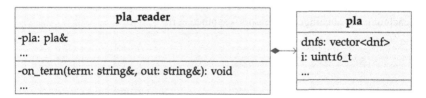

pla_reader
-pla: pla&
...
-on_term(term: string&, out: string&): void
...

pla
dnfs: vector<dnf>
i: uint16_t
...

Abbildung 3.10 Realisierung des PLA-Readers

Listing 3.15 Überführung eines PLA-Terms

```
 1  void on_term(string& term, string& out)
 2  {
 3      ...
 4      for (size_t i = 0; i < out.length(); ++i)
 5      {
 6          if (out[i] == '0' || out[i] == '-') continue;
 7          term t;
 8          t.reserve(pla.i);
 9          for (auto j = term.length()); j-- > 0;)
10          {
11              ...
12              if (term[j] == '0') t.insert(literal{j, false});
13              else if (term[j] == '1') t.insert(j);
14          }
15          ...
16      }
17  }
```

werden zuvor geparste Informationen wie .i in dazugehörige Variablen abgelegt und zur Allokation größerer Speicherblöcke mittels reserve verwendet. Um einzelne Literale hinzuzufügen, wird – unter Beachtung einer Ordnung $comp_{\mathcal{LITERAL}}$ (vgl. Definition 3.2) – insert verwendet.

Der Parsing-Prozess wird durch die in Listing 3.16 veranschaulichte Methode from_pla der Klasse dd_manager (vgl. Abbildung 3.7) angestoßen, die über einen BDD-Manager aufrufbar ist. In den Zeilen 5–7 ist dieser Prozess erkennbar, in dem der AST aus einer PLA-Beschreibung aufgebaut und danach traversiert wird, um die geparsten Daten anhand der implementierten Ereignispunkte in DNFs zu überführen. Die Terme der DNFs werden dabei analog zu den Literalen sortiert, wobei die Ordnung $comp_{\mathcal{TERM}}$ beachtet wird. In den Zeilen 9–11 werden der DD-Manager und die Rückgabe bez. dem SBDD-Aufbau vorbereitet, sodass z. B. genügend Variablen unterstützt werden. Ab Zeilen 12 werden die DNFs und ihre Bestandteile sukzessive paarweise verarbeitet und die dazugehörigen BDDs – unter Beachtung des jeweiligen Operators – synthetisiert.

Listing 3.16 SBDD-Aufbau aus einer PLA-Beschreibung

```
 1  vector<dd> from_pla(string& path)
 2  {
 3    ifstream file{path, ifstream::in};
 4    ...
 5    pla pla;
 6    pla_reader reader{pla, path};
 7    auto code = read_pla(file, reader);
 8    ...
 9    var_support(pla.i);
10    vector<dd> res;
11    res.resize(pla.o); // identity element of disjunction
12    for (uint16_t i{}; i < pla.dnfs.size(); ++i)
13    {
14      for (auto& term : pla.dnfs[i].terms())
15      {
16        auto disjunct = one; // identity element of conjunction
17        for (auto& lit : term.lits())
18        {
19          auto tmp = disjunct;
20          ut.ref(tmp); // keep the temporary result alive
21          disjunct = lit.is_pos() ? conjunction(disjunct, var(lit.index()))
22                                  : conjunction(disjunct, var(lit.index(), false));
23          ut.deref(tmp); // temporary result can be cleared
24        }
25        ut.ref(disjunct);
26        auto tmp = res[i];
27        ut.ref(tmp);
28        res[i] = disjunction(tmp, disjunct);
29        ut.ref(res[i]);
30        ut.deref(tmp);
31        ut.deref(disjunct);
32      }
33    }
34    ...
35    return res;
36  }
```

3.5.2 DIMACS-Reader

DIMACS steht für „Center for Discrete Mathematics and Theoretical Computer Science", wobei das *DIMACS-CNF-Format* (.cnf) eine textuelle Beschreibung einer CNF ist. Es wird u. a. in SAT-Wettbewerben wie [57] eingesetzt, um die Performanz von entwickelten *SAT-Solvern* wie *MiniSat* [105] und deren Erweiterungen zu messen. Zudem findet es praktische Anwendung in Beweissystemen wie *BASolver* [59].

Definition 3.5 Das Format *DIMACS-CNF* wird durch eine Problemzeile p cnf <variables> <clauses> eingeleitet, wobei <variables> und <clauses> die Anzahl an Variablen und Klauseln einer CNF durch jeweils eine positive Zahl aus $\mathbb{N}$ beschreiben. Jede der folgenden Zeilen spezifiziert als Folge von

Zahlen (Indizes), separiert durch Leerzeichen und einen abschließenden Ursprung 0, eine Klausel: Ein positives (negatives) Literal wird durch eine positive (negative) Zahl aus $\mathbb{Z}$ ausgedrückt. Das Zeichen c wird als Kommentar interpretiert.

Im Folgenden wird der Einfachheit halber der Begriff „DIMACS-Format" stellvertretend für „DIMACS-CNF-Format" verwendet.

Beispiel 3.7 Sei $f \in \mathcal{B}_3$ mit $f(x_1, x_2, x_3) = (\overline{x}_1 + x_2 + x_3)(x_1 + \overline{x}_3)$. Dann beschreibt Listing 3.17 f textuell im DIMACS-Format.

Analog zum letzten Abschnitt ist zur Überführung von DIMACS-Beschreibungen eine von lorina spezialisierte Klasse dimacs_reader mit Ereignispunkten realisiert, welche die geparsten Informationen verarbeitet in eine Struktur dimacs, bestehend aus u. a. einer Instanz des Typs cnf, ablegen (vgl. Abbildung 3.11).

Eine geparste DIMACS-Klausel wird durch den implementierten Ereignispunkt on_clause (vgl. Listing 3.18) verarbeitet. Um Reallokationen zu vermeiden, wird in den Zeilen 3–4 die Klausel zur Überführung vorbereitet. Anschließend können die auftretenden Literale unter Beachtung einer Ordnung $\text{comp}_{\mathcal{LITERAL}}$ (vgl. Definition 3.2) eingefügt werden. O. B. d. A. wird der Index bei der Abbildung dekrementiert, um keine Variable zu „verschenken". Abschließend wird die zusammengesetzte Klausel der CNF sortiert hinzugefügt. Der Parsing-Prozess wird in from_dimacs (vgl. Abbildung 3.7) – analog zu Listing 3.16 – gestartet.

Listing 3.17 CNF-Beschreibung im DIMACS-Format

```
1  c 3 variables, 2 clauses
2  p cnf 3 2
3  -1 2 3 0
4  1 -3 0
```

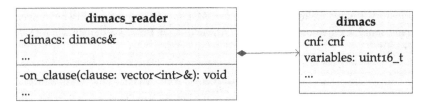

Abbildung 3.11 Realisierung des DIMACS-Readers

Listing 3.18 Überführung einer DIMACS-Klausel

```
1  void on_clause(vector<int>& clause)
2  {
3    term t;
4    t.reserve(clause.size());
5    for (auto i = clause.size(); i-- > 0;)
6    {
7      auto index = clause[i];
8      if (clause[i] < 0)
9      {
10       ...
11       t.insert(literal{abs(index) - 1, false});
12     }
13     else
14     { // clause[i] > 0
15       ...
16       t.insert(index - 1);
17     }
18   }
19   ...
20 }
```

Die vorgestellten Konzepte und Programmiertechniken aus diesem Kapitel bilden eine effiziente Basis zum Aufbau sowie zur Manipulation von SBDDs und wurden vom Autor für die nachfolgenden Untersuchungen von Ordnungen auf einstufigen sowie zweistufigen NFs im Kontext von BDD-Synthesen eingesetzt.

Ausnutzung von Ordnungseigenschaften 4

Order and simplification are the first steps toward the mastery of a subject.

T. Mann (1875–1955) [9]

Durch den Einsatz von BDDs sollen praktisch bedeutsame Schaltfunktionen wie die Addierfunktion (vgl. Definition 2.26) möglichst kompakt repräsentiert und Manipulationen effizient darauf ausgeführt werden. Insbesondere sollen Entscheidungen und Berechnungen (vgl. Abschnitt 2.1.2) möglich werden, die mit anderen Darstellungstypen (vgl. Abschnitt 2.1.4) aufgrund eines zu hohen Speicherbedarfs u. U. nicht möglich sind (vgl. Beispiel 2.12). So kann bspw. das Auslagern von DRAM die Effizienz der Berechnungen immens verlangsamen. Eines der Hauptprobleme auf dem Gebiet des VLSI CAD ist daher der Speicherbedarf, da Berechnungen maßgeblich davon abhängen. In der Praxis ist es dementsprechend wichtig, bereits kleinere Verbesserungen, insbesondere bez. dem Speicherplatz, zu realisieren. Dies kann letztendlich darüber entscheiden, ob eine Berechnung durchgeführt werden kann oder nicht.

In den letzten beiden Kapiteln wurden einzelne BDD-Operationen wie die Synthese ite (vgl. Algorithmus 2.1) komplexitätstheoretisch analysiert und in einem BDD-Paket unter Nutzung diverser Programmiertechniken wie Standard-Tripel (vgl. Listing 3.8) zu deren Effizienzsteigerung zusammengeführt: MBDD.

In praktischen Anwendungen wie der symbolischen Simulation werden einige dieser Operationen sukzessive ausgeführt, um bspw. ein BDD anhand einer Spezifikation eines SK in Form einer Netzliste zu konstruieren. Unter Betrachtung von Beispiel 2.15 wird der vorliegende SK traversiert und für jedes Gatter anhand von Eingangsvariablen und einer vorher bestimmten Ordnung eine Synthese ausgeführt, um final die BDDs G_s und $G_{c_{out}}$ zu konstruieren:

© Der/die Autor(en), exklusiv lizenziert an Springer Fachmedien Wiesbaden GmbH, ein Teil von Springer Nature 2023
R. Krauss, *Speichereffizienter Aufbau von binären Entscheidungsdiagrammen*, BestMasters, https://doi.org/10.1007/978-3-658-43121-1_4

$$G_u := AND(G_a, G_b)$$
$$G_v := XOR(G_a, G_b)$$
$$G_w := AND(G_v, G_{c_{in}})$$
$$G_s := XOR(G_v, G_{c_{in}})$$
$$G_{c_{out}} := OR(G_u, G_w)$$

Insbesondere OR- und AND-Gatter zählen dabei zu weit verbreiteten Multi-Eingabe-Gattern [111] bzw. NFs, die in PLAs sowie als kombinatorischer Bestandteil in CPLDs vorkommen und wiederum als Konfigurationslogik in FPGAs oder Speichercontroller für mehrere CPUs eingesetzt werden (vgl. Abschnitt 2.1.4.2). Wenn das SBDD über die Gatter-Traversierung gemäß der topologischen Ordnung konstruiert werden konnte, können darauf basierend Analysen, wie etwa der Äquivalenzvergleich (vgl. Problem 2.10), durchgeführt werden.

Problematisch bei solchen Szenarien ist, dass berechnete Zwischenergebnisse sehr groß werden können, sodass eventuell weiterführende Manipulationen aufgrund einer vorherigen Überschreitung zur Verfügung stehender Speicherressourcen nicht möglich sind. Während für einzelne Operationen wie Synthesen obere Schranken für die Rechenzeit und den Speicherplatz (vgl. z. B. Theorem 2.35) erarbeitet werden konnten, ist dies für eine Sequenz von Operationen entsprechend schwieriger oder nicht mehr möglich. Zum einen ist das Variablenordnungsproblem $OPT\_OBDD_{S\mathcal{K}}$ gemäß Theorem 2.23 $\mathcal{NP}$-hart. Zum anderen kann es – je nach Problemgröße – infolge der Synthesen zu vermehrten Kollisionen, GC-Aufrufen (vgl. Abschnitt 3.1.2) und Expansionen der Hashtabellen (vgl. Abschnitte 3.1.1 und 3.2) kommen. Einen maßgeblichen Anteil daran haben u. a. *intermediäre Knoten* bzw. tote Knoten (vgl. Beispiel 3.3).

Definition 4.1 Sei U eine UT mit initialen Senken 0 und 1 sowie Knoten $(i, 1, 0)$ und $(i, 0, 1)$, die mit jeweils einer Variable $x_i \in X_n$ für $f \in \mathcal{B}_{n,m}$ markiert sind. $\Gamma \subset U$ bezeichnet die Menge der *additional produzierten Knoten*, die zum Aufbau des finalen BDD G_f benötigt werden. Die Knotenmenge $\Theta \subset \Gamma$ mit $v \notin G_f$ heißt *intermediär*.

Während intermediäre Knoten für den finalen BDD-Aufbau temporär in Verwendung sind, ist es bei toten Knoten schwierig zu entscheiden, ob sie noch benötigt werden oder nicht. Daher resultiert die Idee, solche Knoten gar nicht erst entstehen zu lassen bzw. sie signifikant zu reduzieren. In diesem Kontext kann durch die Betrachtung von Beispiel 3.2 eine interessante Beobachtung gemacht werden: Wird aus $x_2 + x_1 + x_0$ (anstelle von $x_0 + x_1 + x_2$) bez. $\pi : x_0 < x_1 < x_2$ ein BDD aufgebaut, so entsteht kein intermediärer Knoten. Wäre die Berechnung nicht sequenziell erfolgt, sondern „bestimmt angeordnet", so hätte der Knoten v_8 eingespart werden können. Daher stellt sich allgemein die Frage: Wie können die – ermöglicht durch die bewiesene Kommutativität (vgl. Proposition 2.2) – Ordnungseigenschaften von NFs ausgenutzt werden, um intermediäre Knoten zu verhindern?

Problem 4.1 $(\text{MIN\_BDD}_{\mathcal{R}})$

Eingabe: Repräsentation R_f eines Darstellungstyps $\mathcal{R}$ für $f \in \mathbb{B}_{n,m}$, Variablenordnung π

Ausgabe: BDD mit minimaler Anzahl intermediärer Knoten

In Bestrebung danach, sich dem Speicherproblem anzunehmen, werden nachfolgend Ordnungen praxisrelevanter NFs untersucht, um Muster und Regeln zu finden, sodass der Speicherbedarf reduziert wird und somit Berechnungen beschleunigt werden können.

Für sämtliche Untersuchungen wird, insofern nicht anders beschrieben, die nachfolgende Konfiguration verwendet: Als BDD-Paket wird MBDD und o. B. d. A. ausschließlich dessen Synthese-Operator ite benutzt. Die initialen Kapazitäten und Größen der UT und CT sind gemäß Tabelle 3.1 als „winzig" eingestuft. Die Hashfunktion entspricht Gleichung 3.1. Als maximaler Belegungsfaktor gilt gemäß den Empfehlungen aus Abschnitt 3.1 $\xi = 0,75$, der Faktor bez. toter Knoten ist auf $\tau = 0,1$ gesetzt. Da für Array-Listen i. d. R. gewählt werden kann, ob Ergebnisse aufsteigend (asc) oder absteigend (desc) sortiert werden sollen, sind als Ordnungen $\text{asc}_{\mathcal{R}}^{\pi}$ und $\text{desc}_{\mathcal{R}}^{\pi}$ unter Nutzung von $\text{cost}_{\mathcal{LITERAL}}^{\text{asc}} = j + 1$ und $\text{cost}_{\mathcal{LITERAL}}^{\text{desc}} = n - j$ gewählt, wobei $j \in \mathbb{N}_0$ die Position in $\pi : x_0 < \ldots < x_{n-1}$ und $n \in \mathbb{N}$ die Variablenanzahl ist. Die Kostenfunktionen beziehen sich dabei auf die Variablenordnung, da aufgrund des vorherigen Beispiels ein Zusammenhang vermutet wird. Die Funktion $\text{cost}_{\mathcal{TERM}}$ wird in diesem Kontext über die Akkumulation der Liste mit Literalen und deren Kosten bestimmt.

4.1 Einstufige Normalformen

Einstufige NFs wie $(\cdot)$- und $(+)$-Monome (vgl. Definition 2.15) sind in zweistufigen NFs wie $(\cdot, +)$- und $(+, \cdot)$-Polynomen (vgl. Definition 2.16) enthalten. Sie werden daher als einfacherer Fall zuerst bez. verschiedener Literalordnungen im Kontext von BDD-Synthesen und den hierfür produzierten (intermediären) Knoten untersucht. Sei hierzu erneut Beispiel 3.2 aufgegriffen. In der Einführung dieses

Kapitels wurde festgestellt, dass $x_2 + x_1 + x_0$ im Vergleich zu $x_0 + x_1 + x_2$ keine intermediären Knoten benötigt. Um die Details hierfür zu durchblicken, bieten sich Analysen bez. der ite-Operation an, die in Abbildung 4.1 schematisch skizziert sind.

```
 1  ...
 2  ite(f=2, g=1, h=4) = 8
 3     [lvl(f)=0 < lvl(g)=3 && lvl(f)=0 < lvl(h)=1]
 4     high = ite(high(f)=1, g, h) = 1
 5     low = ite(low(f)=0, g, h) = 4
 6     find_or_add(lvl(f), high, low) = 8
 7  ...
 8  ite(f=8, g=1, h=6) = 10
 9     [lvl(f)=0 < lvl(g)=3 && lvl(f)=0 < lvl(h)=2]
10     high = ite(high(f)=1, g, h) = 1
11     low = ite(low(f)=4, g, h) = 9
12        [lvl(f)=1 < lvl(g)=3 && lvl(f)=1 < lvl(h)=2]
13        high = ite(high(f)=1, g, h) = 1
14        low = ite(low(f)=0, g, h) = 6
15        find_or_add(lvl(f), high, low) = 9
16     find_or_add(lvl(f), high, low) = 10
```

```
 1  ...
 2  ite(f=6, g=1, h=4) = 8
 3     [lvl(f)=2 < lvl(g)=3 && lvl(f)=2 > lvl(h)=1]
 4     high = ite(f, g, high(h)=1) = 1
 5     low = ite(f, g, low(h)=0) = 6
 6     find_or_add(lvl(h), high, low) = 8
 7  ...
 8  ite(f=8, g=1, h=2) = 9
 9     [lvl(f)=1 < lvl(g)=3 && lvl(f)=1 > lvl(h)=0]
10     high = ite(f, g, high(h)=1) = 1
11     low = ite(f, g, low(h)=0) = 8
12     find_or_add(lvl(h), high, low) = 9
```

(a) $x_0 + x_1 + x_2$ (b) $x_2 + x_1 + x_0$

Abbildung 4.1 BDD-Synthesen unter Literalordnungen

Die Abbildung 4.1a legt als Literalordnung asc^π zugrunde. Gemäß Tabelle 2.4 ist der Aufruf für die Disjunktion $ite(f, 1, h)$, wobei hier $f = x_0$ und $h = x_1$ als initiale BDD-Variablen vom Manager angeboten werden. Nachdem die Top-Variable durch Vergleiche bestimmt ist, werden beide Kofaktoren berechnet. Da hierbei direkt Terminalfälle vorliegen, wird ohne weiteren rekursiven Abstieg der Knoten v_8 entsprechend erzeugt. Ausgehend von nun $f = v_8$ wird diese Prozedur wiederholt, um ihn mit $h = x_2$ zu synthetisieren. Während auch hier das high-Kind direkt berechnet werden kann, ist für das low-Kind eine Rekursionstiefe von 2 zur Erstellung eines weiteren Knotens v_9 notwendig, welcher den Knoten v_6 referenziert, der mit x_2 markiert ist. Darauf basierend wird final v_{10} erzeugt, v_8 verbleibt als intermediärer und toter Knoten.

Proposition 4.1 Sei t ein Summen- oder Produktterm mit n Literalen und der Literalordnung $asc^\pi_{\mathcal{LITERAL}}$. Dann ist die Anzahl additional zu produzierender Knoten zum Aufbau für das BDD G_t

$$|\Gamma| = \binom{n}{2}.$$

Davon sind $|\Theta| = |\Gamma| - n + 1$ Knoten intermediär, die maximale Rekursionstiefe beträgt $n - 1$.

Beweis. Sei t ein Summenterm. Dann ist der Aufruf zur Synthese von n Literalen jeweils $\mathrm{ite}(f, 1, h)$. Wegen $\mathrm{asc}^{\pi}_{\mathcal{LITERAL}}$ gilt stets der Vergleich $\mathrm{lvl}(f) < \mathrm{lvl}(h)$, d. h. der rekursive Abstieg erfolgt stets in Richtung der Kinder von f, da dessen Variablen weiter vorne bez. π sind. Seien f und h zunächst BDD-Variablen. Aufgrund des Summenterms sind bez. einer Auswertung schnelle Entscheidungen stets zu 1 möglich, weshalb beim Abstieg in Richtung des high-Kinds unmittelbar ein Terminalfall erreicht wird. Die Reihenfolge des Abstiegs ist damit offensichtlich unerheblich. In Richtung des low-Kinds erfolgt eine Kantenumlenkung auf h. Sei nun f diese synthetisierte Summe und h ein Literal. Während der Synthese muss f in Richtung der low-Kinder bis zur Senke abgestiegen werden, um h zu referenzieren. Dadurch ändern sich jedoch alle Vorgängerknoten, die beim Aufstieg angepasst werden müssen, wodurch entlang dieser Kette intermediäre Knoten entstehen. Aufgrund der Kommutativität des ite-Operators ist es (lokal) unerheblich, ob $f + h$ oder $h + f$ synthetisiert wird.

Durch die Anwendung und sukzessive Wiederholung dieser Prozedur kann in Tabelle 4.1 die Beobachtung gemacht werden, dass die Knotenfolge $(\Delta_n)_{n \in \mathbb{N}} = (1, 3, 6, 10, \ldots)$ produziert wird, wobei hier $n = m - 1$ mit m wesentlichen Variablen ist. Dieses Muster entspricht genau den Dreieckszahlen [45], womit sich ein

Tabelle 4.1 Wachstumsvergleich additional produzierter Knoten anhand von Literalordnungen

9 INITIALE VARIABLEN Anzahl wesentlicher Variablen	ANZAHL ADDITIONAL PRODUZIERTER KNOTEN	
	asc^{π}	desc^{π}
2	1	1
3	3	2
4	6	3
5	10	4
6	15	5
7	21	6
8	28	7
9	36	8

Folgenglied durch $\Delta_n = \sum_{k=1}^{n} k = 1 + 2 + \ldots + n$ bzw. die *Gaußsche Summenformel* berechnen lässt:

$$\sum_{k=1}^{n} k = \frac{n(n+1)}{2} \; \forall n \in \mathbb{N}.$$

Diese Formel lässt sich dadurch veranschaulichen, dass sich eine Dreieckszahl als Treppe „auslegen" lässt. Somit entspricht das Doppelte einer Dreieckszahl zwei gleichen Treppen, die sich zu einem Rechteck zusammenfügen lassen. Daher lässt sich die Formel auch als *Binomialkoeffizient* ausdrücken:

$$\Delta_n = \binom{n+1}{2}.$$

Wegen $n = m - 1$ folgt

$$|\Gamma| = \binom{n}{2}$$

als Anzahl additional zu produzierender Knoten zum Aufbau für das BDD G_t. Abstrahiert von den Konstanten folgt insgesamt ein Wachstum von $\mathcal{O}(n^2)$. Da n Variablen wesentlich sind, werden für G_t tatsächlich n Knoten benötigt. Daher existieren $|\Theta| = |\Gamma| - n + 1$ intermediäre Knoten, da der letzte Knoten in der Kette initial ist. Die maximale Rekursionstiefe entlang der low-Kinder ist somit $n - 1$. Dieser Effekt bzw. ite-Aufruf der Disjunktion kann auf die Negation ite$(f, 0, 1)$ (negative Literale) und Konjunktion ite$(f, g, 0)$ (Produktterme) übertragen werden, was durch Abbildung 4.2 veranschaulicht wird. Während bei der Negation (vgl. Abbildung 4.2a) lediglich die Kanten auf 0 und 1 getauscht werden müssen,

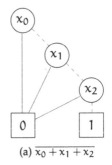

(a) $\overline{x_0 + x_1 + x_2}$

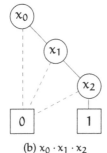

(b) $x_0 \cdot x_1 \cdot x_2$

Abbildung 4.2 BDDs für Terme

erfolgen bei der Konjunktion (vgl. Abbildung 4.2b) für nicht-initiale finale Knoten vertauschte Kantenumsetzungen aufgrund der getauschten relationalen Vergleiche. Somit kann schneller zu 0 ausgewertet werden, wobei die Anzahl der Rekursionsaufrufe in Richtung der high-Kinder mit der Anzahl wesentlicher Variablen steigt. □

Beispiel 4.1 Sei $n = 3$. Dann gibt es 3 wesentliche Variablen, woraus sich der Term $t = x_0 \otimes x_1 \otimes x_2$ mit $\otimes \in \{+, \cdot\}$ gemäß $asc^\pi_{\mathcal{LITERAL}}$ zusammensetzt. Zusätzlich zu den Senken und initialen BDD-Variablen müssen $|\Gamma| = \binom{3}{2} = 3$ additionale Knoten produziert werden, wovon $|\Theta| = 3 - 3 + 1 = 1$ Knoten intermediär ist. Die maximale Rekursionstiefe beträgt 2 wegen $x_0 \otimes x_1$.

Im Gegensatz zu $asc^\pi_{\mathcal{LITERAL}}$ wird in Abbildung 4.1b, basierend auf der Literalordnung $desc^\pi$, $x_2 + x_1 + x_0$ synthetisiert. Auf ähnliche Art und Weise zu asc^π resultiert zunächst unmittelbar der Knoten v_8, der jedoch mit x_1 anstelle von x_0 markiert ist. Dieser Unterschied macht sich im zweiten Schritt bemerkbar, wo $f = v_8$ mit $h = x_0$ synthetisiert wird. Zur Referenzierung des low-Kinds v_8 für den produzierten Knoten v_9 genügt hierzu eine Rekursionstiefe von 1, wobei dementsprechend auch kein intermediärer bzw. toter Knoten erstellt werden muss.

Lemma 4.1 Sei t ein Summen- oder Produktterm mit n Literalen und der Literalordnung $desc^\pi_{\mathcal{LITERAL}}$. Dann ist die Anzahl additional zu produzierender Knoten zum Aufbau für das BDD G_t

$$|\Gamma| = n - 1.$$

Davon ist kein Knoten intermediär, die maximale Rekursionstiefe beträgt 1.

Beweis. Im Unterschied zur Beweisführung von Proposition 4.1 ist wegen $desc^\pi_{\mathcal{LITERAL}}$ der Vergleich $lvl(f) > lvl(h)$, d.h. der rekursive Abstieg erfolgt stets in Richtung der Kinder von h, das nach der ersten Synthese stets kleiner als f ist. Da die Variablen von h weiter vorne bez. π sind, kann stets direkt eine Kantenumlenkung auf f erfolgen, ohne dass Vorgänger angepasst werden müssen, sodass niemals intermediäre Knoten entstehen können. Da n Variablen des Summenterms t wesentlich sind, werden für G_t tatsächlich n Knoten benötigt, wovon der Knoten vor den Senken initial ist. Somit folgt

$$|\Gamma| = n - 1$$

als Anzahl additional zu produzierender Knoten zum Aufbau für das BDD G_t. Das Wachstum ist demnach konstant und anhand von Tabelle 4.1 ersichtlich. Analog zu $asc^{\pi}_{\mathcal{LITERAL}}$ ist dieser Effekt auch auf die Negation und Konjunktion übertragbar. Daraus folgt die Behauptung. □

Über die Analysen und Proposition 4.1 sowie Lemma 4.1 kann also eine Abhängigkeit der Literal- zur Variablenordnung festgestellt und gleichermaßen mit der BDD-Synthese begründet werden, womit sich die Vermutung bez. der Wahl der Kostenfunktionen aus der Einführung dieses Kapitels bestätigt. Wird asc^{π} verwendet, so müssen die in π weiter hinten stehenden Variablen nach unten „getragen" und entsprechende Umsetzungen gemacht werden, was vermehrte Rekursionsaufrufe in Richtung der low- bzw. high-Kinder sowie intermediäre Knoten zur Folge hat. Wird hingegen $desc^{\pi}$ definiert, so können weiter vorne stehende Variablen einfach „aufgesetzt" werden, wodurch infolge einer maximalen Rekursionstiefe von 1 keine intermediären Knoten resultieren.

Theorem 4.1 Das Problem 4.1 $\mathsf{MIN\_BDD}_{\mathcal{TERM}}$ ist ohne intermediäre Knoten berechenbar.

Beweis. Folgt direkt aus Lemma 4.1. □

Bei der Generalisierung einstufiger NFs wird im Folgenden aufgrund von Theorem 4.1 stets $desc^{\pi}_{\mathcal{LITERAL}}$ als Regel bzw. Literalordnung angenommen.

4.2 Zweistufige Normalformen

Im letzten Abschnitt wurde anhand einer strukturierten Beweisführung von Lemma 4.1 für einstufige NFs festgestellt, dass – im Gegensatz zu $asc^{\pi}_{\mathcal{LITERAL}}$ – bei verwendeter Literalordnung $desc^{\pi}$ keine intermediären und somit auch keine toten Knoten während des dazugehörigen BDD-Aufbaus produziert werden: Kann $desc^{\pi}$ generalisiert und dessen Effekt auf $(\cdot, +)$- sowie $(+, \cdot)$-Polynome (vgl. Definition 2.16) übertragen werden?

Um diese Frage zu beantworten, wird zunächst der Fall betrachtet, dass jede Variable insgesamt einmal in einer k-DNF oder k-CNF vorkommen darf, wobei k die *exakte* Literalanzahl in einem Term bezeichnet und Literale bez. π *benachbart* sein müssen.

Proposition 4.2 Sei p eine k-DNF oder k-CNF mit exakt k benachbarten Literalen bez. π, wobei jede Variable in n Termen höchstens einmal vorkommen darf. Die Ordnungen seien $desc^\pi_{\mathcal{LITERAL}}$ sowie $asc^\pi_{\mathcal{TERM}}$. Dann ist die Anzahl additional zu produzierender Knoten zum Aufbau für das BDD G_p

$$|\Gamma| = n(k-1) + \frac{nk(n-1)}{2}.$$

Davon sind $|\Theta| = \Gamma - nk + 1$ Knoten intermediär, die maximale Rekursionstiefe beträgt $(n-1)k$.

Beweis. Sei p eine k-CNF mit exakt k benachbarten Literalen bez. π, wobei jede Variable in n Termen höchstens einmal vorkommt. Wegen Theorem 4.1 können einzelne Klauseln ohne intermediäre Knoten synthetisiert werden. Aufgrund der Konjunktion von BDDs f und g gilt jeweils $ite(f, g, 0)$. Wegen $asc^\pi_{\mathcal{TERM}}$ gilt stets $lvl(f) < lvl(g)$, d. h. der rekursive Abstieg erfolgt in Richtung der Kinder von f, weil dessen Variablen stets weiter vorne bez. π sind.

Im ersten Schritt $i = 1$ entspricht das high-Kind aufgrund der Disjunktion der 1-Senke, weshalb g unmittelbar als Referenz folgt. Dies gilt analog für die sukzessiven Vergleiche entlang der low-Kinder. Da, je nach Belegung, 0 pro betrachteter Klausel schnell entschieden werden kann, referenziert der letzte Knoten in der low-Kette von f die 0-Senke. Somit sind $k-1$ Knoten des ursprünglich übergebenen Parameters f intermediär.

Sei für $i = 2$ nun f das synthetisierte Produkt und g eine Klausel. Sobald die 1-Senke über den rekursiven Abstieg der high-Kinder erreicht ist, muss sich die Synthese in der letzten synthetisierten Klausel befinden. Da zu 1 erst nach Betrachtung der letzten Klausel ausgewertet werden kann, erfolgt k-mal eine Kantenumlenkung auf g. Durch das Einfügen von g ändern sich jedoch auch $(i-1)k$ Referenzen der vorherigen Knoten, die dementsprechend entlang der low-Kinder beim Aufstieg angepasst werden müssen. Über die rekursive Anwendung und sukzessive Wiederholung dieser Prozedur folgt

$$|\Gamma| = \underbrace{n(k-1)}_{\text{Klauselknoten}} + \underbrace{\sum_{i=1}^{n-1} ik}_{\text{Kantenumsetzungen}}$$

als Anzahl additional zu produzierender Knoten zum Aufbau für das BDD G_p. Die Anzahl der Kantenumsetzungen kann dabei als folgende Aussage A formuliert werden:

$$A(n): \sum_{i=1}^{n-1} ik = \frac{nk(n-1)}{2} \ \forall n \in \mathbb{N} \text{ mit } n \geqslant 2.$$

Induktionsanfang: Sei $n = 2$. Dann $\sum_{i=1}^{(2)-1} = k = \frac{(2)k((2)-1)}{2} \checkmark$.

Induktionsvoraussetzung (IV): $\sum_{i=1}^{n-1} ik = \frac{nk(n-1)}{2}$ gilt für ein $n \in \mathbb{N}$.

Induktionsschritt: Zeige $A(n+1): \sum_{i=1}^{(n+1)-1} ik = \frac{(n+1)k((n+1)-1)}{2}$:

$$
\begin{aligned}
\sum_{i=1}^{(n+1)-1} ik
&= \textstyle\sum_{i=1}^{n-1} ik + (n)k && \text{Summenglied abspalten} \\
&\overset{IV}{=} \frac{nk(n-1)}{2} + nk && |\ \text{Bruch erweitern} \\
&= \frac{nk(n-1)}{2} + \frac{2nk}{2} && |\ \text{Gemeinsamer Bruch} \\
&= \frac{nk(n-1)+2nk}{2} && |\ \text{Distributivität} \\
&= \frac{nkn-nk+2nk}{2} && |\ \text{Zusammenfassen} \\
&= \frac{nkn+nk}{2} && |\ \text{Ausklammern} \\
&= \frac{nk(n+1)}{2} && |\ \text{Umformen} \\
&= \frac{(n+1)k((n+1)-1)}{2}.
\end{aligned}
$$

Wegen $nk(n-1) \Longleftrightarrow n^2k - nk$ ist bei gegebenem k, abstrahiert von Konstanten, das Wachstum $\mathcal{O}(n^2)$. Es existieren nk Variablen, die wesentlich sind, wobei 1 Knoten initial vorhanden ist. Daraus folgen $|\Theta| = \Gamma - nk + 1$ intermediäre Knoten und eine Rekursionstiefe von maximal $(n-1)k$, um letzte wesentliche Knoten zu verknüpfen.

Analog zum Beweis von Lemma 4.1 sind bei der Negation lediglich die ON- und OFF-Menge vertauscht. Unter Betrachtung einer k-DNF werden die relationalen Vergleiche getauscht, d. h. es ändert sich nur die Richtung der Kantenumsetzungen für nicht-initiale Knoten. Auch die Reihenfolge des rekursiven Abstiegs ist unerheblich, da – je nach Termbelegung – schnelle Auswertungen über high-Kanten zu 1 möglich sind. Daraus folgt die Behauptung. □

Beispiel 4.2 Sei $k = 2$ und $n = 3$. Dann ist die 2-CNF gemäß $asc^\pi_{\mathcal{TERM}}$ mit $p = (x_1 + x_0)(x_3 + x_2)(x_5 + x_4)$ in Abbildung 4.3 gegeben. Die Abbildung 4.3a zeigt den strukturellen BDD-Aufbau für je eine Klausel von p. Wenn $f = (x_1 + x_0)$ und $g = (x_3 + x_2)$ über die Konjunktion verknüpft werden, so kann über den rekursiven Abstieg von f unmittelbar g als high-Kind referenziert werden. Dies erfolgt nach dem Erreichen des Endes x_1 der low-Kette und Referenzierung der 0-Senke beim Aufstieg analog. Diese Prozedur wird für die Synthese dieses Produkts f mit $g = (x_5 + x_4)$ entsprechend wiederholt. Die Abbildung 4.3b zeigt das finale

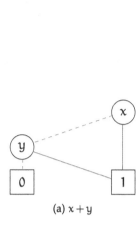

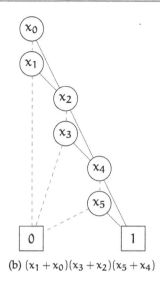

(a) $x + y$ (b) $(x_1 + x_0)(x_3 + x_2)(x_5 + x_4)$

Abbildung 4.3 BDD-Synthese einer 2-CNF

BDD G_p nach den Synthesen. Es werden insgesamt $|\Gamma| = 3(2 - 1) + \frac{6(3-1)}{2} = 9$ additionale Knoten produziert, wovon $|\Theta| = 9 - 6 + 1 = 4$ Knoten im Zuge der beschriebenen Rekursionen und entsprechenden Umlenkungen intermediär werden. Die maximale Rekursionstiefe beträgt $(3 - 1)2 = 4$.

Lemma 4.2 Sei p eine k-DNF oder k-CNF mit exakt k benachbarten Literalen bez. π, wobei jede Variable in n Termen höchstens einmal vorkommen darf. Die Ordnungen sind $desc^\pi_{\mathcal{LITERAL}}$ und $desc^\pi_{\mathcal{TERM}}$. Dann ist die Anzahl additional zu produzierender Knoten zum Aufbau für das BDD G_p

$$|\Gamma| = n(k - 1) + (n - 1)k.$$

Davon sind $|\Theta| = (n-1)(k-1)$ Knoten intermediär, die maximale Rekursionstiefe beträgt k.

Beweis. Wegen $desc^\pi_{\mathcal{TERM}}$ gilt im Unterschied zu Proposition 4.2 der Vergleich $lvl(f) > lvl(g)$ während der Synthese einer k-CNF p, bestehend aus n Klauseln mit exakt k benachbarten Literalen bez. π, wobei jede Variable höchstens einmal vorkommt. Somit erfolgt der rekursive Abstieg stets in Richtung der Kinder von g, das nach der ersten Synthese kleiner als f ist und dabei konstant aus k Literalen besteht. Weiterhin stehen in diesem Zusammenhang die Variablen von g bez. π stets weiter vorne. Somit kann, nach dem Erreichen der 1-Senke infolge des Abstiegs, f direkt referenziert werden, ohne dass eine Anpassung der Vorgängerknoten notwendig ist. Daher sind ausschließlich $|\Theta| = (n-1)(k-1)$ Knoten intermediär, d. h. lediglich die zusätzlich produzierten Knoten für die einzelnen Klauseln mit Ausnahme einer Klausel, da sie unmittelbar vor den Senken positioniert ist. Daraus folgt

$$|\Gamma| = n(k-1) + (n-1)k$$

als Anzahl additional zu produzierender Knoten zum Aufbau für das BDD G_p.

Analog zu $asc_{\mathcal{TERM}}^{\pi}$ ist dieser Effekt auch auf die Negation und Konjunktion übertragbar. Daraus folgt die Behauptung. $\square$

Sowohl für CNFs als auch für DNFs ist unter diesen Restriktionen also ein ähnlicher Effekt wie aus Proposition 4.1 und Lemma 4.1 erkennbar. Die wesentlichen Unterschiede dabei sind (zusätzliche) intermediäre Knoten aufgrund einzelner Terme und die damit zusammenhängende Rekursionstiefe bez. des Wachstums additional produzierter Knoten, das musterhaft in Tabelle 4.2 gegenübergestellt ist. Während unter Beachtung von $asc_{\mathcal{TERM}}^{\pi}$ einzelne Terme infolge von vermehrten Kantenumsetzungen nach unten getragen werden müssen, können solche bez. $desc_{\mathcal{TERM}}^{\pi}$ einfach aufgesetzt werden.

Theorem 4.2 Das Problem 4.1 $MIN\_BDD_{\mathcal{EXACT-K-NF}}$ kann anhand von exakt k Literalen in n Termen mit $(n-1)(k-1)$ intermediären Knoten berechnet werden.

Tabelle 4.2 Wachstumsvergleich additional produzierter Knoten anhand von Termordnungen

8 INITIALE VARIABLEN Anzahl wesentlicher Variablenpaare	ANZAHL ADDITIONAL PRODUZIERTER KNOTEN	
	asc^{π}	$desc^{\pi}$
2	4	4
3	9	7
4	16	10

Beweis. Folgt direkt aus Lemma 4.2. □

Das Theorem ist zugleich eine obere Schranke für $\mathcal{MAX} - \mathcal{K} - \mathcal{NF}$ mit *maximal* k Literalen in n Termen unter Einhaltung der dargelegten Nachbarschafts-Restriktion bez. π. Die Argumentation folgt den Beweisen von Proposition 4.2 und Lemma 4.2, wobei die Ordnung $\mathrm{desc}_{\mathcal{TERM}}^{\prime\pi}$ dahingehend angepasst ist, dass das maximale Level einer in einem Term enthaltenen Variable zugrunde gelegt wird.

Korollar 4.2.1 Das Problem 4.1 $\mathrm{MIN\_BDD}_{\mathcal{MAX}-\mathcal{K}-\mathcal{NF}}$ kann anhand von maximal k Literalen in n Termen mit $\mathcal{O}((n-1)(k-1))$ intermediären Knoten berechnet werden.

Beispiel 4.3 Sei die MAX-4-CNF $p = (x_6 + x_5)(x_4)(x_3 + x_2 + x_1 + x_0)$ bez. $\mathrm{desc}_{\mathcal{TERM}}^{\prime\pi}$ gegeben. Ein dazugehöriges BDD G_p infolge einer Synthese der einzelnen Klauseln ist in Abbildung 4.4 ersichtlich. Jeder finale Knoten einer Klausel verweist auf die nächste Klausel bzw. 1-Senke, insofern die letzte Klausel vorliegt. Die low-Ketten führen jeweils zur 0-Senke, da hier schnelle Entscheidungen

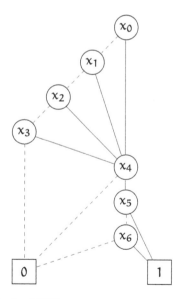

Abbildung 4.4 BDD für eine 4-CNF

möglich sind. Es resultieren $|\Gamma| = 9$ und $|\Theta| = 3$. Für intermediäre Knoten gilt somit $|\Theta| \leqslant (n-1)(k-1)$.

Die für diesen Fall temporäre Anpassung der Termordnung erweist sich jedoch nicht als allgemeingültig. Dies kann durch die Zulassung weiterer *Freiheiten* in Form eines Gegenbeispiels beobachtet werden: Aufhebung der Nachbarschafts-Kondition bez. π.

Beispiel 4.4 Seien die DNFs $p_1 = x_8x_4x_3 + x_7x_0 + x_6x_2 + x_5x_1$ und $p_2 = x_8x_4x_3 + x_6x_2 + x_7x_0 + x_5x_1$ gegeben. Für das BDD G_{p_1} sind unter $desc'^{\pi}_{\mathcal{TERM}}$ 39 additionale Knoten notwendig. Der Aufbau von G_{p_2} bez. $desc^{\pi}_{\mathcal{TERM}}$ bedarf hingegen nur 38 solcher Knoten.

Im Gegensatz zu den Beweisführungen für restriktive zweistufige NFs können die Terme hierbei nicht einfach aufeinander gesetzt werden, da größere „Sprünge" während der rekursiven Synthese-Aufrufe möglich sind. Wird darüber hinaus erlaubt, dass Literale öfter auftreten dürfen, so können sich Terme Variablen „teilen". Da $desc'^{\pi}_{\mathcal{TERM}}$ somit gleiche Kosten in deutlich höherer Frequenz provozieren würde, wird weiterhin die ursprüngliche Termordnung $desc^{\pi}$ verwendet.

Dadurch, dass der rekursive Abstieg und die Vergleiche nicht mehr systematisch vorhersehbar sind, können unter Nutzung der Ordnung $asc^{\pi}_{\mathcal{TERM}}$ weniger additional produzierte Knoten resultieren.

Beispiel 4.5 Sei das Minimalpolynom $\overline{x}_2x_3 + \overline{x}_1x_3 + x_0\overline{x}_2 + x_0\overline{x}_1$ gegeben. Die Tabelle 4.3 zeigt unter Betrachtung verschiedener Ordnungen sowie keiner definierten Ordnung ($/$) für BEs die resultierenden additionalen Knoten, die während der jeweiligen BDD-Synthese produziert werden. Es ist ersichtlich, dass unter $desc^{\pi}_{\mathcal{TERM}}$ die meisten additionalen Knoten produziert werden müssen, was mit der Anzahl rekursiver Abstiege zusammenhängt.

Tabelle 4.3 BDD-Synthesen eines Minimalpolynoms

Finale Knoten	Additional produzierte Knoten			
	$/$	$desc^{\pi}_{\mathcal{LITERAL}}$	$desc^{\pi}_{\mathcal{TERM}}$	$asc^{\pi}_{\mathcal{TERM}}$
6	10	10	11	10

Ein weiteres Problem bei allgemeinen DNFs bzw. CNFs ist, dass Regelanwendungen aus der booleschen Algebra (vgl. Abschnitt 2.1.1) möglich werden und sich daher Berechnungen sowie produzierte Knoten als *redundant* herausstellen können.

Beispiel 4.6 Sei die DNF $x_2 x_1 + x_2 \overline{x}_0 + x_1 x_0$ gemäß $desc^{\pi}_{\mathcal{TERM}}$ gegeben. Die Abbildung 4.5 zeigt die Synthese von $x_2 x_1 + x_2 \overline{x}_0$ (vgl. Abbildung 4.5a) und $x_1 x_0$ (vgl. Abbildung 4.5b). Da die Referenz vom Knoten, der mit x_1 markiert ist, letztendlich auf die 1-Senke zeigen muss, findet eine Umlenkung statt, wodurch sich auch die übergeordnete Referenz ändert (vgl. Abbildung 4.5c). Da diese Knoten bereits existieren, resultieren $|\Gamma| = 3$ und $|\Theta| = 2$. Aufgrund von Gesetz 2.7 (Konsensus) hätte jedoch die Berechnung $x_1 x_0 + x_2 \overline{x}_0$ genügt, womit redundante Berechnungen hätten verhindert werden können.

Beispiel 4.7 Gegeben sei die DNF $p = x_1 x_0 + \overline{x}_1 x_0$. In Abbildung 4.6 ist die Synthese von BDD G_p ersichtlich, wobei $f = x_1 x_0$ (vgl. Abbildung 4.6a) und $h = \overline{x}_1 x_0$ (vgl. Abbildung 4.6b). Infolge des rekursiven Abstiegs entlang der high-Kinder wird sowohl für f als auch für h eine Redundanz ermittelt. Weiterhin kann für f und h als low-Kind die 0-Senke festgestellt werden. Dies entspricht auf symbolischer Ebene genau Gesetz 2.9 (Resolution), weshalb die Berechnung der beiden additionalen Knoten für die Terme redundant ist.

Darüber hinaus gibt es einige weitere Gesetze bzw. Regeln wie die Idempotenz (vgl. Proposition 2.1). Ein Zusammenspiel solcher im Kontext von Simplifizierungen und der Minimierung intermediärer Knoten soll im Folgenden betrachtet werden.

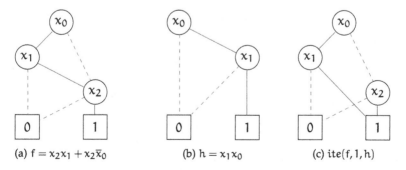

(a) $f = x_2 x_1 + x_2 \overline{x}_0$ (b) $h = x_1 x_0$ (c) $ite(f, 1, h)$

Abbildung 4.5 Erkennung des Konsensus während der Synthese von gegebenen BDDs

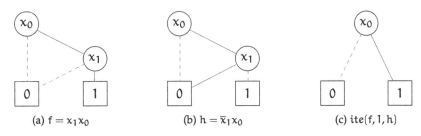

(a) $f = x_1 x_0$ (b) $h = \overline{x}_1 x_0$ (c) $\mathrm{ite}(f, 1, h)$

Abbildung 4.6 Erkennung der Resolution während der Synthese von gegebenen BDDs

Listing 4.1 CNF mit Möglichkeiten zur Simplifizierung

```
 1  p  cnf  6  10
 2  1  -2  -5  0
 3  -4  5  0
 4  -1  5  0
 5  3  4  0
 6  -4  -5  0
 7  2  5  0
 8  -1  2  0
 9  -6  0
10  3  0
11  -6  0
```

Beispiel 4.8 Sei eine CNF gemäß Listing 4.1 definiert. Die Abbildung 4.7 zeigt die additional produzierten Knoten *ohne* und *mit* Simplifizierungen der CNF unter verschiedenen Ordnungen.

Unter $\mathrm{desc}^{\pi}_{\mathcal{LITERAL}}$ ist in Abbildung 4.7a wegen Zeile 2 1 Knoten weniger im Vergleich zur Synthese ohne Ordnung ($\diagup$) ersichtlich. Mit den Termordnungen werden aufgrund weniger rekursiver Abstiege und Kantenumlenkungen nur 34 additionale Knoten produziert.

Das Listing 4.1 kann wie folgt simplifiziert werden: 1. Zeile 3 und Zeile 6 (Resolution), 2. Zeile 5 und Zeile 10 (Absorption) sowie 3. Zeile 9 und Zeile 11 (Idempotenz). Die Abbildung 4.7b veranschaulicht dementsprechend die produzierten Knoten nach erneut durchgeführten Synthesen. Es kann für alle Szenarien erkannt werden, dass weniger Knoten produziert werden müssen, jedoch nicht das Minimum gefunden wird. Dieses stellt sich bei der Synthese in der Reihenfolge $\overline{x}_5 \cdot \overline{x}_3 \cdot x_2 \cdot (x_1 + x_4) \cdot (\overline{x}_0 + x_4) \cdot (x_0 + \overline{x}_1 + \overline{x}_4) \cdot (\overline{x}_0 + x_1)$ ein.

FINALE KNOTEN	ADDITIONAL PRODUZIERTE KNOTEN			
	$/$	$desc^{\pi}_{\mathcal{LITERAL}}$	$desc^{\pi}_{\mathcal{TERM}}$	$asc^{\pi}_{\mathcal{TERM}}$
10	37	36	34	34

(a) Ohne Simplifizierung

FINALE KNOTEN	ADDITIONAL PRODUZIERTE KNOTEN				
	$/$	$desc^{\pi}_{\mathcal{LITERAL}}$	$desc^{\pi}_{\mathcal{TERM}}$	$asc^{\pi}_{\mathcal{TERM}}$	Minimum
10	24	23	23	29	20

(b) Mit Simplifizierung

Abbildung 4.7 BDD-Synthesen einer CNF

Bei NFs können Gesetze der booleschen Algebra sukzessive Anwendung finden, um sie zu minimieren (vgl. Theorem 2.10) und damit intermediäre bzw. redundante Knoten entsprechend zu reduzieren. Jedoch garantiert selbst ein Minimalpolynom, was unter Beachtung der Variablenordnung π einer BDD-Synthese unterzogen wird, keine minimale Anzahl intermediärer Knoten. Verantwortlich hierfür sind Sprünge, die während des rekursiven Abstiegs erfolgen. Gegeben dieser Konfiguration ergibt sich daher die folgende Komplexität:

Theorem 4.3 Das Problem 4.1 $MIN\_BDD_{\mathcal{NF}}$ ist $\mathcal{NP}$-hart.

Zur exakten Minimierung intermediärer Knoten müssen – naiv betrachtet – $n!$ Elemente des Suchraums über n Terme bewertet werden. Da die explizite Bewertung aller $n!$ Elemente für praxisrelevante Werte von n inakzeptabel ist, werden die Ordnungen $desc^{\pi}_{\mathcal{LITERAL}}$ und $desc^{\pi}_{\mathcal{TERM}}$ sowie $asc^{\pi}_{\mathcal{TERM}}$ als Heuristiken aufgefasst und im Folgenden anhand verschiedener Experimente unter Verwendung von Benchmark-Instanzen im PLA- und DIMACS-Format evaluiert.

Performanzevaluation 5

*Everything must be taken into account. If the fact will not
fit the theory – let the theory go.*

A. Christie (1890–1976) [113]

Mit der Implementierung von MBDD in Kapitel 3 wurde ein BDD-Softwarepaket
vorgestellt, das effiziente Algorithmen zum Lösen von Berechnungs- und Ent-
scheidungsproblemen für verschiedene Anwendungen aus dem VLSI CAD bereitstellt (vgl. Abschnitt 2.1.2). Darauf aufbauend wurden im letzten Kapitel – ausgehend von NFs – Ordnungen bzw. Heuristiken diskutiert, um die Produktion intermediärer Knoten während Synthesen zu minimieren.

In diesem Kapitel werden die entwickelten Module gemeinsam auf Korrektheit
getestet und mit State-of-the-Art-Paketen in Bezug auf Speichernutzung und dem
damit verbundenen Zeitaufwand verglichen, um auf ihre Eignung für die skizzierten
Anwendungskontexte hin zu prüfen. Insbesondere ist für die Evaluation die Einflussnahme der definierten Literalordnung und Termordnungen hinsichtlich verschiedener Qualitätskriterien wie die Anzahl benötigter Knoten zum finalen BDD-Aufbau
von Interesse.

Benchmarks ebnen einen Weg, um Optimierungstechniken zu evaluieren. Um
nützlich bzw. repräsentativ zu sein, sollten sie eine Relevanz für reale Designs
haben, aktualisiert, strukturell gut verstanden oder vergleichbar sein. Unter diesem
Blickwinkel werden im Folgenden zunächst die Benchmark-Instanzen für die damit
zusammenhängenden durchgeführten Experimente beschrieben.

© Der/die Autor(en), exklusiv lizenziert an Springer Fachmedien Wiesbaden GmbH,   135
ein Teil von Springer Nature 2023
R. Krauss, *Speichereffizienter Aufbau von binären Entscheidungsdiagrammen*,
BestMasters, https://doi.org/10.1007/978-3-658-43121-1_5

5.1   Benchmark-Instanzen

Aufgrund des direkten Zusammenhangs zwischen NFs und Matrixfeldern
(vgl. z. B. Abbildung 2.5) sind Benchmark-Sets im PLA- und DIMACS-Format
(vgl. Definitionen 3.4 und 3.5) dafür geeignet, um Instanzen wie *ISCAS- und
SATLIB-Probleme* für Benchmarks daraus auszuwählen, sodass der Einfluss von
Termordnungen gemessen werden kann. Zudem stehen gemäß Abschnitt 3.5 entsprechende Objektstrukturen und Parser bereit, um diesen Prozess zu automatisie-
ren.

Daneben gibt es zahlreiche weitere Problembeispiele, die mit einem BDD-Paket
gelöst werden können, um das Ausmaß möglicher Probleme zu illustrieren. Ein
Beispiel für ein komplexes Problem ist das sog. n-*Damenproblem*, das sich gemäß
Parameter n theoretisch beliebig skalieren lässt und somit für einen Vergleich zwischen Paketen in Frage kommt.

5.1.1   ISCAS-Probleme und Addierer

Die im PLA-Format verwendeten Benchmark-Instanzen entstammen aus dem
in [41] vorgeschlagenen Benchmark-Set. Es bereitet mehrere Benchmark-Sets
rundum Gebiete des VLSI CAD auf, indem sequenzielle und kombinatorische SK-
Beschreibungen – im BLIF-Format für akademische Tools und in (strukturiertem)
VHDL für kommerzielle Tools – vereinheitlicht werden.

Die Schaltungen wurden mithilfe der Logiksynthese-Werkzeuge ABC [13] und
SIS [98] transformiert, indem u. a. Hierarchien abgeflacht, Redundanzen wie unver-
bundene Komponenten mittels sweep entfernt und kombinatorische Teile aus
sequenziellen SKs via comb extrahiert wurden. Jeder SK ist dabei nach jedem
Schritt nutzbar, d. h. eine extrahierte kombinatorische Schaltung kann z. B. mit
Pseudo-Eingängen und Ausgängen separat verwendet werden. Infolge der SK-
Kombinationen aus Benchmark-Sets wurden verschiedene Tests durchgeführt, um
SK-Beschreibungen bez. ihrer generierten Erzeugung zu überprüfen.

Die meisten (neuen) SKs aus diesem Set stammen zum einen aus populären
Benchmark-Sets, zum anderen wurden sie auf generische Weise künstlich gene-
riert. Zu den populären Benchmark-Sets zählen u. a. die Espresso-Beispiele [92]
mit PLAs für z. B. Logikoptimierung und ISCAS-Beispiele [15, 55] als Teil der
IWLS-Benchmarks [1] mit SKs in Form von Netzlisten für bspw. Testmustergenerierung. Neben den Standard-Benchmark-SKs zählen zu den generischen

Tabelle 5.1 ISCAS-Probleme und Addierer

INSTANZ	FUNKTION	#PIs	#POs	#TERME	BDD-KOSTEN
c17.pla	6-NAND-Gatter	5	2	10	10
c1908_g51.pla	16-Bit-Fehlerkorrektur	33	1	604.160	143
c3540_g409.pla	8-Bit-ALU mit BCD-Arithmetik	50	1	403.298	68.539
02-adder_col.pla	2-Bit-Addition mit Ripple-Carry	5	3	23	17
03-adder_col.pla	3-Bit-Addition mit Ripple-Carry	7	4	59	32
14-adder_col.pla	14-Bit-Addition mit Ripple-Carry	29	15	163.775	131.051
15-adder_col.pla	15-Bit-Addition mit Ripple-Carry	31	16	327.611	363.386
16-adder_col.pla	16-Bit-Addition mit Ripple-Carry	33	17	655.287	730.907

Schaltungen u. a. Addierer (vgl. Definition 2.26). Eine Auswahl dazugehöriger Benchmark-Instanzen[1] mit SK-Informationen und BDD-Kosten[2] ist in Tabelle 5.1 ersichtlich.

5.1.2 SATLIB-Probleme

Die Instanzen mit den im DIMACS-Format kodierten CNFs sind aus SATLIB [60] entnommen, einer Sammlung an Benchmark-Sets, Solvern und Tools zu SAT-bezogener Forschung mit der Motivation zur Bereitstellung einer einheitlichen Testumgebung. Die zur Verfügung gestellten Benchmark-Sets beziehen sich u. a. auf Färbungs- und Stundenplanprobleme [21, 33] sowie zufällig generierte SAT-bzw. UNSAT-Probleme, die erfüllbar bzw. nicht erfüllbar sind. Eine Auswahl dazu-

---

[1] Die Schaltungen sind öffentlich zugänglich unter https://ddd.fit.cvut.cz/www/prj/ Benchmarks (besucht am 22.04.2022).

[2] Die Variablenordnung π orientiert sich an der jeweiligen Eingangsauflistung.

Tabelle 5.2 SATLIB-Probleme

INSTANZ	FUNKTION	#VARIABLEN	#KLAUSELN	TYP	BDD-KOSTEN
flat30-1.cnf	Färbung	90	300	SAT	8.506
par8-1-c.cnf	Parität	64	254	SAT	64
uf20-01.cnf	Zufall	20	91	SAT	49
uf50-0100.cnf	Zufall	50	218	SAT	50
dubois20.cnf	Zufall	60	160	UNSAT	0
dubois21.cnf	Zufall	63	168	UNSAT	0
dubois22.cnf	Zufall	66	176	UNSAT	0

gehöriger Benchmark-Instanzen[3] mit CNF-Informationen und BDD-Kosten[4] ist in
Tabelle 5.2 ersichtlich.

5.1.3   Das Damenproblem

Das n-Damenproblem [91] beschäftigt sich allgemein mit der Frage, ob es möglich ist, n Damen auf einem $n \times n$ Schachbrett zu platzieren, sodass sie sich nicht
gegenseitig „schlagen". Gemäß Tabelle 5.3 gibt es für $n = 1$ und $n \geqslant 4$ stets
mindestens eine Lösung, d. h. das Damenproblem ist in konstanter Zeit entscheidbar. Die Lösungsanzahl zu finden, ist jedoch jenseits von #$\mathcal{P}$-vollständig, da sie
exponentiell mit n wächst und es keine geschlossene Form gibt [8]. Durch die
Betrachtungsweise, kein Optimierungsproblem zu sein, bietet es sich als natürli-
cher Kandidat für Constraintprogrammierung an. Das reale Problem wird daher
in ein kombinatorisches Problem mit Variablen und Nebenbedingungen übersetzt,
wobei Variablen Entscheidungen repräsentieren und Nebenbedingungen den Wertebereich von Variablen (Suchraum) bedingt einschränken, um die Betrachtung von
n^{2^n} Konfigurationen zu vermeiden.

Um Problem 2.4 (SAT − COUNT) mittels BDDs zu lösen, muss jedes Schach-
feld durch boolesche Variablen repräsentiert werden: x_{ij} mit $0 \leqslant i$ und $j < n$,
wobei i eine Zeile und j eine Spalte darstellt.[5] Wird eine Dame auf einem Feld

---

[3] Die CNFs sind öffentlich zugänglich unter https://www.cs.ubc.ca/~hoos/SATLIB/benchm.
html (besucht am 22.04.2022).

[4] Die Variablenordnung π orientiert sich an der auftretenden Index-Sequenz.

[5] Die Variablenordnung π orientiert sich an der Position auf dem Schachfeld.

Tabelle 5.3 Lösungsanzahl für das Damenproblem bis zu der Brettgröße 13 × 13

N	#LÖSUNGEN	BDD-KOSTEN
1	1	1
2	0	0
3	0	0
4	2	29
5	10	167
6	4	129
7	40	1.099
8	92	2.451
9	352	9.557
10	724	25.945
11	2.680	94.822
12	14.200	435.170
13	73.712	2.044.394

positioniert, so ist eine Variable mit dem Wahrheitswert 1 belegt. Die Schachregeln bzw. Restriktionen sind wie folgt: Zwei Damen dürfen sich nicht die gleiche Zeile, Spalte oder Diagonale teilen, d. h. für alle Paare (i, j) muss gelten:

$$x_{ij} \Rightarrow \bigwedge_{0 \leqslant k < n, k \neq j} \overline{x}_{ik}$$

$$x_{ij} \Rightarrow \bigwedge_{0 \leqslant k < n, k \neq i} \overline{x}_{kj}$$

$$x_{ij} \Rightarrow \bigwedge_{0 \leqslant k < n, 0 \leqslant j+k-i < n, k \neq i} \overline{x}_{k,j+k-i} \qquad (5.1)$$

$$x_{ij} \Rightarrow \bigwedge_{0 \leqslant k < n, 0 \leqslant j+i-k < n, k \neq i} \overline{x}_{k,j+i-k}$$

Darüber hinaus muss sich – global betrachtet – in jeder Zeile eine Dame befinden: $x_{i0} + \ldots + x_{in-1}$. Über die Konjunktion aller Anforderungen resultiert das Prädikat p, dass wahr ist gdw. eine Konfiguration die Lösung für das Damenproblem darstellt. So ist p für $n = 4$ bspw. wahr, wenn $x_{02} = 1$, $x_{10} = 1$, $x_{23} = 1$ und $x_{31} = 1$.

Die Kodierung dieser formalisierten Problembeschreibung ist im Anhang A zu finden und zeigt gleichermaßen ein Anwendungsbeispiel von MBDD.

5.2   Experimente

Unter Verwendung der aus dem letzten Abschnitt beschriebenen Auswahl an PLA- und DIMACS-Instanzen sowie dem Damenproblem wurden verschiedene Experimente durchgeführt, um den Einfluss von Termordnungen auf BDDs zu messen und einen Vergleich von MBDD mit State-of-the-Art-Paketen zu erlauben.

Die Voraussetzung für die Evaluation ist, dass MBDD korrekt funktioniert. Um Fehler zu vermeiden, erfolgten statische Code-Analysen mittels *clang-tidy*[6], um u. a. nicht-initialisierte Variablen zu ermitteln. Zudem erfolgte mittels *Valgrind*[7] eine Prüfung auf u. a. Speicherlecks. Um die Zuverlässigkeit zu steigern, wurden Experimente zur Falsifikation der Hypothese „System ist korrekt" vorgenommen. Hierzu wurden Modul- und Integrationstests geschrieben, wobei MBDD als Black Box betrachtet und top-down vorgegangen wurde. Als xUnit-Framework wurde *GoogleTest*[8] eingesetzt. In Anlehnung zu dessen Architektur wurden für die Module Testsuites definiert, die mehrere Testfälle unter Beachtung von Vor- und Nachbedingungen zusammenstellen: 1. Trivial-, 2. Normal-, 3. Grenz- und 4. Fehlerfälle. Alle Tests sind erfolglos (negativ), d. h. es wurde kein Defekt aufgedeckt. Die Ergebnisse der Tests sind in einem Testprotokoll festgehalten, das im Anhang B zu finden ist.

Im Anschluss daran wurden die nicht-funktionalen Anforderungen getestet: 1. Speichernutzung und 2. Zeitaufwand. Alle folgenden Experimente wurden auf einem Testsystem mit nachfolgend aufgeführter Ausstattung durchgeführt: 2,3 GHz Dual-Core Intel Core i5 (Turbo Boost bis zu 3,6 GHz) mit 64 MB eDRAM und 16 GB 2.133 MHz LPDDR3 RAM sowie Debian 11. Es wurden jeweils 100 Versuche gestartet, wobei von den Ergebnissen der Mittelwert berechnet wurde. Das *Memory-out* (MO) wurde auf 1 Mrd. bez. der *Anzahl produzierter intermediärer Knoten* (#PIN) gesetzt. MBDD wurde wie in Kapitel 4 aufgesetzt, mit dem Unterschied, dass die initialen Kapazitäten und Größen der UT und CTs als „mittel" eingestuft wurden. Für den Vergleich wurden die aus Kapitel 3 vorgestellten Pakete

---

[6] clang-tidy ist unter https://github.com/llvm-mirror/clang-tools-extra erhältlich (besucht am 22.04.2022).

[7] Valgrind kann unter https://github.com/tklengyel/valgrind abgerufen werden (besucht am 22.04.2022).

[8] GoogleTest kann unter https://github.com/google/googletest abgerufen werden (besucht am 22.04.2022).

$CUDD^9$ und $BuDDy^{10}$ herangezogen. Die ebenfalls in MBDD verfügbaren Parameter wurden dabei angeglichen, um einen repräsentativen Vergleich zu erlauben. Ansonsten galten die Standardeinstellungen wie im jeweils zur Verfügung stehenden Repository.

5.2.1 Minimierung intermediärer Knoten

Zur Bewertung der definierten Heuristiken $desc^\pi_{\mathcal{LITERAL}}$, $desc^\pi_{\mathcal{TERM}}$ und $asc^\pi_{\mathcal{TERM}}$ bez. der Minimierung intermediärer Knoten wurden BDDs anhand ausgewählter PLA- und DIMACS-Instanzen (vgl. Tabellen 5.1 und 5.2) aufgebaut sowie mit der gefundenen Optimallösung verglichen.

Die Ergebnisse sind in Tabelle 5.4 ersichtlich. Je mehr intermediäre Knoten produziert werden, desto schwieriger wird es, die minimale Anzahl zu finden. Während $asc^\pi_{\mathcal{TERM}}$ für c17.pla noch das Minimum findet, ist dies bei den folgenden Instanzen nicht mehr der Fall. Allerdings existiert für jede Instanz mindestens eine Heuristik, die ein besseres Ergebnis im Vergleich zu keiner definierten Ordnung ($\diagup$) erzielt: So produziert $desc^\pi_{\mathcal{TERM}}$ z. B. für uf20-01.cnf 5.102 intermediäre Knoten zum BDD-Aufbau, während bei keiner definierten Ordnung 17.678 solcher Knoten produziert werden müssen, was im Vergleich zur Optimallösung von 3.672 Knoten wesentlich weiter entfernt ist.

Unter Betrachtung der aus dem letzten Kapitel analysierten Komplexität zum Finden eines Minimums, des Zeitaufwands der Heuristiken und der signifikant besseren Ergebnisse im Vergleich zu keiner verwendeten Ordnung, befindet der Autor

Tabelle 5.4 Ordnungsvergleiche bez. der Minimierung von intermediären Knoten

INSTANZ		ORDNUNG			
	$\diagup$	$desc^\pi_{\mathcal{LITERAL}}$	$desc^\pi_{\mathcal{TERM}}$	$asc^\pi_{\mathcal{TERM}}$	Minimum
c17.pla	10	10	7	6	6
02-adder_col.pla	91	67	68	68	66
03-adder_col.pla	333	246	257	246	240
par8-1-c.cnf	14.470	14.366	42.552	22.899	13.812
uf20-01.cnf	17.678	17.622	5.102	7.437	3.672

---

[9] CUDD ist unter https://github.com/ivmai/cudd erhältlich (besucht am 22.04.2022).

[10] BuDDy kann unter https://github.com/utwente-fmt/buddy abgerufen werden (besucht am 22.04.2022).

die evaluierten Heuristiken zur Reduzierung intermediärer Knoten als geeignet, sodass im Folgenden deren Einfluss auf BDDs detaillierter untersucht wird.

5.2.2 Einfluss von Termordnungen auf BDDs

Um den Einfluss der Ordnungen $desc^{\pi}_{\mathcal{LITERAL}}$ und $desc^{\pi}_{\mathcal{TERM}}$ sowie $asc^{\pi}_{\mathcal{TERM}}$ auf BDDs zu messen, wurden solche auf Basis von ausgewählten PLA- und DIMACS-Instanzen (vgl. Tabellen 5.1 und 5.2) synthetisiert und anhand verschiedener Gütekriterien bewertet: 1. Anzahl produzierter intermediärer Knoten und 2. aufgewendete Zeit in Sekunden.

Die Resultate auf Basis der PLA-Instanzen sind in Tabelle 5.5 zusammengefasst. Für jeden SK gibt es mindestens eine Ordnung, die unter Berücksichtigung der Gütekriterien geeigneter im Vergleich zur BDD-Synthese ohne eine definierte Ordnung ($/$) ist.

Die Anzahl produzierter intermediärer Knoten für jeden aufgeführten SK ist somit um mindestens 45,82 % reduziert. Die Zeitersparnis liegt bei mindestens 15,79 %. Insbesondere sind die Ordnungen $desc^{\pi}_{\mathcal{LITERAL}}$ und $asc^{\pi}_{\mathcal{TERM}}$ hervorzuheben: Während $desc^{\pi}_{\mathcal{LITERAL}}$ für bspw. den 16-Bit-CLA mit einer Redu-

Tabelle 5.5 Ordnungsvergleiche in Bezug auf Speichernutzung und Zeitaufwand anhand verschiedener PLA-Instanzen

INSTANZ			ORDNUNG		
		$/$	$desc^{\pi}_{\mathcal{LITERAL}}$	$desc^{\pi}_{\mathcal{TERM}}$	$asc^{\pi}_{\mathcal{TERM}}$
c1908_g51	#PIN	24.106.494	4.456.678	3.855.257	3.745.421
	T	18	14	13	13
c3540_g409	#PIN	20.420.346	10.228.377	9.398.024	8.974.024
	T	19	16	15	15
14-adder_col	#PIN	6.610.871	3.581.781	95.423.948	3.923.270
	T	12	10	51	10
15-adder_col	#PIN	18.591.421	8.635.422	465.440.305	10.344.052
	T	38	32	843	35
16-adder_col	#PIN	40.592.469	18.408.130	MO	22.069.261
	T	122	101	—	104
#PIN	Anzahl produzierter intermediärer Knoten				
T	Aufgewendete Zeit in Sekunden				

zierung intermediärer Knoten um ca. 54,65 % und Zeitersparnis von ca. 17,21 % maßgeblich auf die Beweisführung von Lemma 4.1 zurückzuführen ist, bewährt sich $asc^\pi_{\mathcal{TERM}}$ als aufgefasste Heuristik mit bspw. einer Reduzierung um ca. 84,46 % und Zeitersparnis von ca. 27,78 % für c1908_g51 aufgrund einer geringeren Anzahl rekursiver Sprünge und Zusammenstellung von Termen zur Ausnutzung von Regeln der booleschen Algebra. In diesem Kontext können jeweils auch die Anzahl an GC-Aufrufen, Knotensuchen und Verkettungen signifikant eingespart werden.

Die in Tabelle 5.6 ersichtlichen Resultate auf Basis der DIMACS-Instanzen sind ähnlich zu den Ergebnissen unter Verwendung der PLA-Instanzen zu bewerten. Der wesentliche Unterschied hierbei ist, dass die Heuristik $desc^\pi_{\mathcal{TERM}}$ hervorzuheben ist: Alle Kennzahlen werden für die dubois-Instanzen wesentlich reduziert bzw. kann das BDD für die dubois22-Instanz nur unter Nutzung dieser Ordnung bez. der vorgegebenen Konfiguration aufgebaut werden.

Mit dem Wissen um performante Heuristiken durch eine bisher lokale Betrachtungsweise soll diese im nächsten Abschnitt erweitert werden, sodass eine globale Aussage erlaubt wird.

Tabelle 5.6 Ordnungsvergleiche in Bezug auf Speichernutzung und Zeitaufwand anhand verschiedener DIMACS-Instanzen

INSTANZ			ORDNUNG		
		$\diagup$	$desc^\pi_{\mathcal{LITERAL}}$	$desc^\pi_{\mathcal{TERM}}$	$asc^\pi_{\mathcal{TERM}}$
flat30-1	#PIN	3.636.001	3.635.971	72.493.745	125.394.709
	T	2	2	96	169
uf50-0100	#PIN	116.979.086	116.978.946	17.626.688	2.398.583
	T	81	77	11	1
dubois20	#PIN	141.033.608	141.033.528	28.837.380	278.929.466
	T	143	141	29	266
dubois21	#PIN	305.135.676	304.016.775	59.771.432	MO
	T	344	340	65	—
dubois22	#PIN	MO	MO	123.734.612	MO
	T	—	—	148	—
#PIN	Anzahl produzierter intermediärer Knoten				
T	Aufgewendete Zeit in Sekunden				

5.2.3 Vergleich mit CUDD und BuDDy

Um bisherige Messungen und somit die Performanz von MBDD besser einordnen zu können, wurde es mit CUDD und BuDDy auf Basis des beschriebenen
n-Damenproblems (vgl. Abschnitt 5.1.3) hinsichtlich verschiedener Kriterien verglichen: 1. Speichernutzung in Bytes und 2. Zeitaufwand in Sekunden.

Die Resultate sind in Abbildung 5.1 zusammengefasst, wobei Abbildung 5.1a
die Speichernutzung und Abbildung 5.1b den Zeitaufwand zur Lösung des Damenproblems gegenüberstellt.

Während BuDDy bis $n = 10$ den geringsten Speicherverbrauch aufweist, wendet MBDD für $n = 11$ nur ca. 95,27 MiB auf, wofür BuDDY bereits ca. 104,98 MiB
benötigt. Dieser Wendepunkt kann mit vermehrten Expansionen seitens der UT und
CTs begründet werden, die bei MBDD aufgrund der kontrollierenden Schwellenwerte ξ und τ noch nicht durchgeführt werden mussten. Bei CUDD kann bis $n = 11$
ein vergleichsweise höherer Wert festgestellt werden, was u. a. mit dem größeren
Funktionsumfang zusammenhängt: So gilt bereits initial aufgrund diverser Algorithmen ein höherer Speicherbedarf, auch wenn sie nicht zwingend benötigt werden.
Wegen der mit größerem n steigenden Komplexität bzw. Knotenanzahl (vgl. Tabelle
5.3) nimmt der Speicherbedarf stets zu. Aufgrund vielfacher Expansionen der jeweiligen Hashtabellen benötigt BuDDy bei der Transition von $n = 12$ nach $n = 13$ ca.
5,69 GiB, während CUDD nur ca. 2,13 GiB nutzt, was durch die effizientere GC mit
Referenzzählung zu begründen ist. MBDD benötigt in dem Kontext ca. 2,98 GiB,

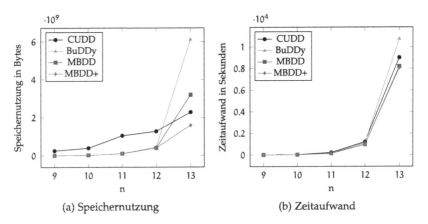

(a) Speichernutzung   (b) Zeitaufwand

Abbildung 5.1 Performanzvergleich von BDD-Paketen zur Lösung des Damenproblems

um das finale BDD aufzustellen und die Lösungsanzahl zu berechnen. Werden jedoch die in Gleichung 5.1 formalisierten Schachregeln und die anschließende globale Restriktion genauer betrachtet, so können NFs erkannt und die aus den letzten Abschnitten evaluierten Heuristiken darauf angewendet werden: Es wurde die Heuristik $\text{desc}^{\pi}_{\mathcal{J}\mathcal{E}\mathcal{R}\mathcal{M}}$ als in diesem Zusammenhang herausgestellter bester Repräsentant ausgewählt und als *MBDD+* bezeichnet. Aufgrund einer geringeren Anzahl produzierter intermediärer Knoten konnten somit GC-Aufrufe bzw. Expansionen eingespart werden, wodurch MBDD+ für $n = 13$ nur ca. 1,49 GiB benötigt.

Es kann erkannt werden, dass sich die Speichernutzung auf den Zeitaufwand auswirkt. Während BuDDy sich zeitlich zunächst knapp vor MBDD und CUDD befindet, ändert sich die Reihenfolge mit zunehmend größerem n aufgrund von vermehrten GC-Aufrufen und Expansionen. Während BuDDy ca. 179 min zum Lösen des vorliegenden 13-Damenproblems aufwendet, braucht CUDD ca. 150 min, wohingegen MBDD ca. 137 min und MBDD+ ca. 134 min benötigt.

Zusammenfassung und Ausblick 6

G. Moore schätzte im Jahr 1965, dass sich die Transistordichte für ICs jedes Jahr verdoppelt. Zwar hat sich dies nicht ganz bewahrheitet und auf mehrere Jahre ausgeweitet, ändert jedoch nichts daran, dass Rechnersysteme stets komplexer werden und in verschiedenen Bereichen Einzug gefunden haben, um Aufgaben zu übernehmen. Neben der Herausforderung, steigende Nutzeranforderungen zu befriedigen, wächst auch die Verantwortung mit der ansteigenden Komplexität, für die Korrektheit solcher Systeme zu sorgen: VLSI CAD ist für den modernen Hardware-Entwurfsablauf unverzichtbar geworden.

Durch die Erkenntnis von R. Bryant im Jahr 1986, BDDs als Datenstruktur vorteilhaft zur Darstellung und Manipulation von Schaltfunktionen einsetzen zu können, haben sie – insbesondere wegen ihrer Kompaktheit und Kanonizität – den Weg in zahlreiche Entwurfs-, Verifikations- und Testwerkzeuge aus dem VLSI CAD gefunden. Das Kapitel 2 begründete dies komplexitätstheoretisch im Vergleich zu anderen Darstellungstypen und zeigt deren Eignung und Effizienz zur Lösung verschiedener Berechnungs- und Entscheidungsprobleme innerhalb praxisrelevanter Anwendungen.

Seitdem hat eine Vielzahl an Forschungsergebnissen – jenseits der theoretischen Analysen – zu Performanzsteigerungen verschiedener Operationen geführt, indem solche durch praktische Implementierungstechniken gezielt verbessert und in BDD-Softwarepaketen zusammenfasst wurden. Trotz effizienter Operationen wie Synthesen ist deren Komposition mit oberen Schranken gewöhnlicherweise nur schwierig abzuschätzen und auch BDDs sehen sich wegen möglichen großen Zwischenergebnissen mit einem der Hauptprobleme auf dem Gebiet des VLSI CAD konfrontiert: ein anwachsender Speicherbedarf.

Der Autor dieser Arbeit stellte in Kapitel 3 das Paket MBDD mit der Zielsetzung vor, dieses Hauptproblem zu adressieren und die Anzahl an produzierten

© Der/die Autor(en), exklusiv lizenziert an Springer Fachmedien Wiesbaden GmbH, 147
ein Teil von Springer Nature 2023
R. Krauss, *Speichereffizienter Aufbau von binären Entscheidungsdiagrammen*,
BestMasters, https://doi.org/10.1007/978-3-658-43121-1_6

intermediären Knoten zum BDD-Aufbau zu reduzieren. Hierzu wurden – basie-rend auf MBDD – in Kapitel 4 Ordnungsdefinitionen eingeführt und untersucht, ob Ordnungseigenschaften praxisrelevanter NFs mit vertretbarem Aufwand ausgenutzt werden können, um das vorgegebene Ziel zu erreichen.

Aufgrund der festgestellten $\mathcal{NP}$-härte des Problems der Minimierung interme-diärer Knoten für zweistufige NFs wurden geeignete Ordnungen als Heuristiken aufgefasst und anhand von ausgewählten PLA- und DIMACS-Instanzen evaluiert. Nach der in Kapitel 5 durchgeführten Performanzevaluation lässt sich die For-schungsfrage folgendermaßen beantworten: Unter Beachtung der Variablenordnung definierte Heuristiken können die während der Synthesen produzierte Anzahl inter-mediärer Knoten signifikant reduzieren. Durch eine positive Einflussnahme auf die Verringerung der Anzahl an GC-Aufrufen, Knotensuchen und Verkettungen kön-nen BDDs zudem in wesentlich kürzerer Zeit synthetisiert werden. Die aufgestellte Hypothese wird abschließend dadurch bestätigt, dass MBDD auch State-of-the-Art-Pakete auf Basis einer geeigneten (skalierbaren) Beispielanwendung an Leistung übertrifft, insbesondere, wenn Ordnungseigenschaften von NFs ausgenutzt werden.

Neben den hier vorgestellten Konzepten und Entwicklungen gibt es darüber hinaus weitere wesentliche Untersuchungen und Ideen auf mehreren Gebieten, die zukünftig in MBDD zum Einsatz kommen könnten und daher im Folgenden skizziert werden sollen, um diese Arbeit abzuschließen.

In Abschnitt 3.1.1 wurde die Divisionsrestmethode als Hashfunktion vorgeschla-gen, um Knoten abzulegen bzw. zu finden. Obgleich diese Methode populär oder im Durchschnitt der beste Repräsentant ist, könnte die *multiplikative Methode* [87]

$$h(k) = \lfloor m(kA - \lfloor kA \rfloor) \rfloor, 0 < A < 1 \text{ mit}$$

$$m = 2^i, i \in \mathbb{N} \text{ und } A := \frac{\sqrt{5}-1}{2} \approx 0,6180$$

als irrationale Zahl bzw. Kehrwert des goldenen Schnitts für eine möglichst gleich-mäßige Datenverteilung in diesem Fall vergleichsweise schneller sein. Der Grund hierfür liegt darin, dass der Divisionsblock einer ALU eine der zeitintensivsten Ope-rationen darstellt. Die Multiplikation ist zwar ähnlich zeitintensiv, $h(k)$ kann jedoch mit einer ganzzahligen Multiplikation und einer bitweisen Rechtsschiebeoperation berechnet werden, wenn ganze Zahlen als Bruchzahlen mit einem Dezimalpunkt vor dem MSB angesehen werden [56]. Unter Verwendung von Zeiger-basierter Eltern/Kind-Referenzierung konnte durch verschiedene Studien bereits die Praxis-relevanz von Multiplikationsmethoden nachgewiesen werden [120].

Unter Beobachtung von aufgebauten BDDs $G_f, G_{\overline{f}}$ für eine Schaltfunktion f kann festgestellt werden, dass sich diese nur in der Vertauschung der Werte (Kanten) ihrer beiden Senken unterscheiden. Alle inneren Knoten sind somit identisch und redundant, insofern G_f und $G_{\overline{f}}$ simultan realisiert werden. Diese Ähnlichkeit kann ausgenutzt werden, um die Kompaktheit von SBDDs und die Laufzeit dazugehöriger Operationen wie die Negation erheblich zu verbessern [12]. Hierzu genügt die Einführung eines zusätzliches Kantenattributs, einer sog. *Komplementmarke* $m \in \mathbb{B}$. Ist $m = 1$, so wird die Wurzel bzw. der Subgraph als Komplement interpretiert, ansonsten als reguläres BDD. Problematisch ist jedoch, dass die Darstellung mit komplementären Kanten – i.d.R. durch Kreise oder gepunktet hervorgehoben – (zunächst) nicht kanonisch ist. Dies kann leicht erschlossen werden, da bspw. eine reguläre Kante zur 1-Senke und eine komplementäre Kante zur 0-Senke funktional äquivalent sind. Allgemein gibt es wegen den Knotennachfolgern sowie einer eingehenden Kante 2^3 Möglichkeiten, Komplementmarken zu setzen. Unter Nutzung von Gesetz 2.4 (De Morgan) und Gesetz 2.1 (Absorption) kann gezeigt werden, dass es äquivalente Möglichkeiten gibt:

$$
\begin{aligned}
\overline{x_i \cdot f_{x_i} + \overline{x}_i \cdot f_{\overline{x}_i}} &= \overline{x_i \cdot f_{x_i}} \cdot \overline{\overline{x}_i \cdot f_{\overline{x}_i}} \\
&= (\overline{x}_i + \overline{f_{x_i}}) \cdot (x_i + \overline{f_{\overline{x}_i}}) \\
&= x_i \cdot \overline{f_{x_i}} + \overline{x}_i \cdot \overline{f_{\overline{x}_i}} + \overline{f_{x_i}} \cdot \overline{f_{\overline{x}_i}} \\
&= x_i(\overline{f_{x_i}} + \overline{f_{x_i}} \cdot \overline{f_{\overline{x}_i}}) + \overline{x}_i(\overline{f_{\overline{x}_i}} + \overline{f_{x_i}} \cdot \overline{f_{\overline{x}_i}}) \\
&= x_i \cdot \overline{f_{x_i}} + \overline{x}_i \cdot \overline{f_{\overline{x}_i}}.
\end{aligned}
$$

Somit resultieren genau vier Paar-Kombinationen, die jeweils unterschiedliche Funktionen darstellen, wobei die Elemente eines Paares äquivalent sind: 1. Knoten mit ausschließlich komplementären Kanten und 2. Knoten ohne Komplementmarken. Die anderen Kombinationen können sich analog bildlich vorgestellt werden. Um die wichtige Eigenschaft der Kanonizität wiederherzustellen, sind Normierungsregeln bzw. Einschränkungen notwendig. Eine Möglichkeit ist, dass die high-Kante (low-Kante) nicht komplementiert werden darf und die 1-Senke (0-Senke) als Terminal bestimmt wird, womit u.a. 1. als Repräsentant gewählt wird. In diesem Zusammenhang sei aufgegriffen, dass auch die Kante zur Wurzel komplementiert werden können muss, weil ansonsten die Kontradiktion nicht als Komplement der 1-Senke dargestellt werden könnte. Analog zur Beweisführung von Theorem 2.25 könnten die Regeln bottom-up angewendet werden, um Komplementmarken zu setzen und dabei die Kanonizität zu erhalten [119]. Um diesen Aufwand zu sparen, kann diese Prozedur jedoch auch bereits in die Knotenerzeugung find_or_add (vgl. Listing 3.1) integriert werden, indem die Kantenattribute unter Beachtung dieser Bedingungen gesetzt werden. Bei Zeiger-basierten Paketen kann das LSB des Zeigers auf einen Nachfolger ohne zusätzlichen Verwaltungsaufwand genutzt werden, da bei üblichen Rechnerarchitekturen nur gerade Speicheradressen in Verwendung sind und daher dieses Bit gewöhnlicherweise konstant 0 ist [56]. In MBDD kann m in dem MSB des low-Nachfolgers eines Knotens vermerkt werden. Es ist unbenutzt, da das MSB des high-Nachfolgers als Belegungsinformation verwendet wird und somit kein valider low-Nachfolger mit einem Index $\geqslant 2^{31}$ resultieren kann. Die Größe eines SBDD kann durch diese Prozedur theoretisch bis zu 50 % reduziert werden. Dieser Effekt ist z. B. bei der Konjunktion aus $\mathcal{B}_2$ (vgl. Tabelle 2.1) sichtbar, dessen Negation der Sheffer-Strich ist. Werden reguläre BDDs verwendet, so resultieren 4 innere Knoten. Unter Zunahme komplementärer Kanten sind lediglich 2 solcher Knoten notwendig. In diesem Kontext existiert eine komplementäre Kante von der Wurzel und seinem high-Kind zur 1-Senke. Weiterhin ist der Verweis auf $\bar{f}$ bereits komplementiert. Wenn auf einem Pfad eine gerade Anzahl an Komplementmarken passiert wird, so wird der Wahrheitswert als 1 interpretiert, ansonsten wird die Ausgabe invertiert und es gilt 0. Ein anderes Beispiel ist die Antivalenz, die regulär mit $2n - 1$ inneren Knoten dargestellt wird, wobei ein BDD mit komplementären Kanten nur n innere Knoten benötigt [102]. Da jedoch in der Praxis im Allgemeinen nur wenige Funktionen gleichzeitig negiert und nicht-negiert dargestellt werden, ergibt sich gemäß empirischer Untersuchungen eine Reduzierung von bis zu ca. 10 % [84]. Bemerkbarer macht sich der Einsatz komplementärer Kanten in der Durchführung verschiedener Operationen. Die Negation kann in diesem Kontext in $\mathcal{O}(1)$ durchgeführt werden, da eine einfache Markeninvertierung bez. der referenzierenden Kante ausreicht. Weiterhin kann die Ausführung boolescher Operationen durch die Ausnutzung von Regeln wie $f + \bar{f} = 1$ und $f \cdot \bar{f} = 0$ beschleunigt werden. Durch den Einsatz komplementärer Kanten lässt sich zudem die Komplexität von ite (vgl. Theorem 2.35) auch dann quadratisch beschränken, wenn zwei Parameter komplementär sind.

Die Vorteile komplementärer Kanten kommen auch im eingeführten Konzept der *Standardtripel* aus Abschnitt 3.3 zum tragen. So kann bez. der Transformationsschritte effizient getestet werden, ob zwei der Funktionen gleich oder komplementär sind. Die in Listing 3.8 vorliegenden Terminalfälle können daher um $\text{ite}(f, 0, 1) = \bar{f}$ erweitert werden. Weiterhin können Regeln wie

$$\text{ite}(f, g, h) = \text{ite}(\bar{f}, h, g)$$
$$= \overline{\text{ite}(f, \bar{g}, \bar{h})}$$
$$= \overline{\text{ite}(\bar{f}, \bar{h}, \bar{g})}$$

mithilfe von Gesetz 2.4 aufgestellt werden. Jede der Funktionen kann durch eine reguläre oder komplementäre Kante dargestellt sein. Unter den aufgeführten Äquivalenzen existiert genau ein Tripel, bei dem die ersten zwei Argumente nicht durch eine komplementäre Kante repräsentiert werden, das als Standardtripel für die CT und dazugehörige Abfragen verwendet wird. Ansonsten gibt die Berechnung das Komplement der jeweiligen Funktion zurück, weshalb sie vor der Rückgabe komplementiert werden muss. Für $f + g$ kann (bekanntlich) z. B. $\text{ite}(f, 1, g)$ als Standardtripel ausgewählt werden, das in der CT abgelegt wird. Für eine Suche nach $\overline{fg} = \text{ite}(\overline{f}, \overline{g}, 0) = \overline{\text{ite}(f, 1, g)}$ würde daher vor dem CT-Aufruf $\text{ite}(f, 1, g)$ ausgewählt werden. Bevor es wiederum zurückgegeben wird, erfolgt gemäß den Transformationen eine Komplementierung.

Das Beispiel 3.5 zeigte auf, dass *CT-Einträge* (ungewollt) invalide im Fall einer GC seitens der UT werden, was zu einem Fehlverhalten führt. Neben der Maßnahme einer unmittelbaren Leerung der CT zur Behandlung dieser Problematik ist eine Prüfung auf Gültigkeit bei Bedarf in $\mathcal{O}(1)$ denkbar, ohne daher die ganze CT inspizieren zu müssen. Zur Realisierung dieses Mechanismus muss zunächst die vorgeschlagene Knotenstruktur (vgl. Abbildung 3.2) um ein weiteres Attribut wie id erweitert werden: Wird ein Knoten produziert, so erhält er nun eine eindeutige ID, wobei diese fortlaufend inkrementiert wird. Um in der CT einen Eintrag auf Gültigkeit zu prüfen, darf nicht mehr der Knotenindex verwendet werden, da dieser bereits bereinigt worden sein kann. Daher werden stattdessen die jeweiligen IDs anstelle der Indizes ein Teil der vorgeschlagenen Hashfunktion. Die IDs werden dementsprechend auch Teil eines CT-Eintrags (vgl. Abbildung 3.5). Wenn nun ein Existenztest durchgeführt wird, so erfolgt eine Prüfung des ganzen Inhalts. Sollten sich die IDs unterscheiden, so ist die Suche erfolglos. Ansonsten muss bei bestimmten Operationen wie apply (vgl. Algorithmus 2.2) zusätzlich noch der jeweilige Operator überprüft werden. Mögliche Komplementmarken könnten dabei im Operator kodiert werden. Um Überschreibungen weiter zu reduzieren, ist es zudem denkbar, eine Cache-Tiefe von z. B. 2 einzusetzen, d. h. pro Position können dann zwei Einträge abgelegt werden.

Um einen ähnlichen *Funktionsumfang* wie aufgeführte State-of-the-Art-Pakete zu erreichen, soll MBDD um eine Vielzahl an Algorithmen erweitert werden. In Kapitel 4 wurde beispielhaft der Äquivalenzvergleich auf dem Gebiet der formalen Verifikation vorgeführt und erläutert, dass BDD-Größen infolge von Synthesen (vgl. Problem 2.8) einem starken Wachstum unterliegen können. Während des Model Checkings kommt es im Rahmen der Erreichbarkeitsanalyse häufig zu der Abfolge, dass nach Konjunktionen von BDDs eine existenzielle Quantifizierung (vgl. Problem 2.7) durchgeführt wird, um eine bestimmte Anzahl an Variablen zu entfernen. Da auch in diesem Bereich die Repräsentation aufgrund von hintereinander durchgeführten Konjunktionen sehr groß werden kann, können beide Schritte kombiniert werden: And-Exist-Operator. Da die BDD-Größe gemäß Beispiel 2.29

zudem stark von der Variablenordnung π abhängen kann, sind auch dynamische Umordnungsverfahren wie Sifting [93] zum Finden einer guten Ordnung unerlässlich, insofern keine solche bekannt ist. Um den unterliegenden (lokalen) Leveltausch effizient zu realisieren, bieten sich in MBDD mehrere dynamische UTs für Variablenmarkierungen an: $\mathsf{UT}_i \, \forall x_i \in X_n$. Somit müssen die enthaltenen Knoten nicht einzeln betrachtet werden, sondern es kann ein schneller Zugriff auf alle Knoten beider zu tauschenden Level erfolgen. Die Knotenstruktur bleibt aufgrund der Synthesen hierbei unberührt.

Neben den bisher aufgezeigten möglichen Erweiterungen zur Verbesserung von MBDD wäre es auch denkbar, verschiedene Parameter wie die Kapazitäten/Größen der Hashtabellen und den maximalen Belegungsfaktor ξ, sowie Schwellenwert τ für das Auslösen eines Rehashings zu variieren. In dem Kontext ist es – neben den evaluierten Literal- und Termordnungen – interessant, weitere Heuristiken zu definieren und auf andere NFs bzw. allgemeine BEs auszuweiten. Trotz verschiedener Analysen zur Bereitstellung guter Standardwerte zum Lösen von VLSI CAD Problemen (vgl. Abschnitt 2.1.2), bleiben diese Parameter – wie in Kapitel 3 ausgeführt – problemabhängig. Daher ist es durchaus möglich, infolge von Feinjustierungen, aufgeführte Probleme schneller mit geringerer Speichernutzung zu lösen.

Abschließend werden inhärente Schwächen von BDDs diskutiert, die durch Modifikationen jedoch eliminierbar sind: 1. *„bösartige" Ordnungen* und 2. *strukturelle Abstraktion*. Bez. 1. wurde in Abschnitt 2.2.2 festgestellt, dass es Schaltfunktionen wie die praxisrelevante Multipliziererfunktion (vgl. Definition 2.36) gibt, für die DDs auf der Bit-Ebene – unabhängig von der Ordnung – stets ein exponentielles Wachstum aufweisen. Eine arithmetische Schaltung kann allerdings auch durch eine pseudo-boolesche Funktion $f : \mathbb{B}^n \to \mathbb{Z}^m$ beschrieben werden. Um dieses Wissen auf DDs zu übertragen, genügt die Feststellung, dass ein Inverter durch $f(x_i) = 1 - x_i$ ausgedrückt werden kann. Somit können Dekompositionstypen wie z. B. die Shannon-Dekomposition (vgl. Theorem 2.2) leicht adaptiert werden:

$$f = x_i \cdot f_{x_i=1} + (1 - x_i) \cdot f_{x_i=0}.$$

Dadurch wird es ermöglicht, bspw. mit DDs auf Wort-Ebene wie Binary Moment Diagrams [20], die Multiplikation mit polynomieller Größe darzustellen. Da Senken dementsprechend Zahlen aus $\mathbb{Z}$ tragen können, wäre die Einführung eines Knotenattributs vom Typ `int` in MBDD denkbar, sodass Hashtabellen geteilt werden können.

In Bezug auf 2. abstrahieren BDDs beim Aufbau von der Struktur eines anderen Darstellungstypens. Daher ist es nicht ohne Weiteres möglich, strukturelle Informationen vorteilhaft zu nutzen. Unter dem erneuten Aufgreifen der symbolischen

Simulation aus Kapitel 4 bedeutet dies, dass der Signalfluss nicht mehr nachvollziehbar ist. Somit wird es bspw. erschwert, Simplifizierungen wie die aus Abschnitt 2.1.1 beschriebenen Gesetze bzw. Regeln der booleschen Algebra frühzeitig zu erkennen, um somit redundante Berechnungen zu verhindern. Als letzter Ausblick sei hierzu die Möglichkeit hervorgebracht, temporäre Knoten mit einer Operator-Markierung einzuführen, um eine frühzeitige (simultane) Erkennung direkt in die Synthese integrieren zu können.

Kodierung des Damenproblems

Listing A.1 Das Damenproblem

```cpp
1  #include "mbdd/mbdd.hpp"
2
3  ...
4
5  constexpr std::uint8_t n; // number of queens
6  static_assert(n > 0);
7
8  auto encode(mbdd::bdd_manager const& mgr)
9  {
10   auto x = create_chessboard<n>(mgr.zero());
11   std::uint8_t i, j;
12   for (i = 0; i < n; ++i) // initialization step
13   {
14     for (j = 0; j < n; ++j) x[i][j] = mgr.var(i * n + j);
15   }
16   auto p = mgr.one();
17   for (i = 0; i < n; ++i)
18   {
19     auto tmp = mgr.zero();
20     for (j = 0; j < n; ++j)
21     {
22       std::uint8_t k;
23       // two queens must not be in the same row
24       for (k = 0; k < n; ++k) if (k != j) p *= x[i][j] >> !x[i][k];
25       // two queens must not be in the same column
26       for (k = 0; k < n; ++k) if (k != i) p *= x[i][j] >> !x[k][j];
27       // two queens must not be along an up right diagonal
28       for (k = 0; k < n; ++k)
29       {
30         const auto l = j + k - i;
31         if (l >= 0 && l < n && k != i) p *= x[i][j] >> !x[k][std::uint8_t(l)];
32       }
33       // two queens must not be along a down right diagonal
34       for (k = 0; k < n; ++k)
35       {
36         const auto l = j + i - k;
37         if (l >= 0 && l < n && k != i) p *= x[i][j] >> !x[k][std::uint8_t(l)];
38       }
39       // globally, there must be a queen in each row
40       tmp += x[i][j];
41     }
42     p *= tmp;
43   }
44   return p;
45 }
```

© Der/die Herausgeber bzw. der/die Autor(en), exklusiv lizenziert an Springer
Fachmedien Wiesbaden GmbH, ein Teil von Springer Nature 2023
R. Krauss, *Speichereffizienter Aufbau von binären Entscheidungsdiagrammen*,
BestMasters, https://doi.org/10.1007/978-3-658-43121-1

```
46
47  int main()
48  {
49    try
50    {
51      mbdd::bdd_manager mgr{mbdd::node_count::MEDIUM, n * n};
52      const auto p = encode(mgr);
53      const auto sol_count = p.sat_count();
54      std::cout << "Solution count: " << sol_count << '\n';
55      return EXIT_SUCCESS;
56    }
57    catch (std::exception const& e)
58    {
59      std::cerr << e.what() << '\n';
60    }
61    return EXIT_FAILURE;
62  }
```

Auszug aus dem Testprotokoll

```
Running main() ...
[==========] Running 169 tests from 3 test suites.
[----------] Global test environment set-up.
...
[----------] 107 tests from bdd_manager
...
[ RUN      ] bdd_manager.bdd_can_be_generated_from_a_cnf_file
[       OK ] bdd_manager.bdd_can_be_generated_from_a_cnf_file (0 ms)
...
[ RUN      ] bdd_manager.bdd_can_be_printed_to_dot
[       OK ] bdd_manager.bdd_can_be_printed_to_dot (0 ms)
...
[ RUN      ] bdd_manager.bdds_can_be_synthesized_by_applying_and
[       OK ] bdd_manager.bdds_can_be_synthesized_by_applying_and (0 ms)
...
[ RUN      ] bdd_manager.bdds_can_be_synthesized_by_ite
[       OK ] bdd_manager.bdds_can_be_synthesized_by_ite (0 ms)
...
[ RUN      ] bdd_manager.contradiction_is_unsat
[       OK ] bdd_manager.contradiction_is_unsat (0 ms)
...
[ RUN      ] bdd_manager.equiv_check_using_diff_mgrs_is_invalid
[       OK ] bdd_manager.equiv_check_using_diff_mgrs_is_invalid (0 ms)
...
[ RUN      ] bdd_manager.nodes_can_be_counted
[       OK ] bdd_manager.nodes_can_be_counted (0 ms)
...
[ RUN      ] bdd_manager.on_set_can_be_printed
[       OK ] bdd_manager.on_set_can_be_printed (0 ms)
...
[ RUN      ] bdd_manager.performing_sat_count_on_zero_is_0
[       OK ] bdd_manager.performing_sat_count_on_zero_is_0 (0 ms)
...
```

© Der/die Herausgeber bzw. der/die Autor(en), exklusiv lizenziert an Springer
Fachmedien Wiesbaden GmbH, ein Teil von Springer Nature 2023
R. Krauss, *Speichereffizienter Aufbau von binären Entscheidungsdiagrammen*,
BestMasters, https://doi.org/10.1007/978-3-658-43121-1

```
[ RUN      ] bdd_manager.sat_can_be_solved
[      OK ] bdd_manager.sat_can_be_solved (0 ms)
...
[ RUN      ] bdd_manager.sbdd_can_be_generated_from_a_pla_file
[      OK ] bdd_manager.sbdd_can_be_generated_from_a_pla_file (0 ms)
...
[ RUN      ] bdd_manager.sinks_and_vars_are_not_cleared_by_the_gc
[      OK ] bdd_manager.sinks_and_vars_are_not_cleared_by_the_gc (0 ms)
...
[ RUN      ] bdd_manager.ut_capacity_is_a_prime
[      OK ] bdd_manager.ut_capacity_is_a_prime (0 ms)
...
[----------] 107 tests from bdd_manager (78 ms total)
...
[----------] Global test environment tear-down
[==========] 169 tests from 3 test suites ran. (85 ms total)
[  PASSED ] 169 tests.
```

Literatur

[1]   C. Albrecht. *IWLS 2005 Benchmarks.* 2005. url: https://iwls.org/iwls2005/benchmark_
      presentation.pdf (besucht am 22. 04. 2022).
[2]   H. Amjad. „Programming a Symbolic Model Checker in a Fully Expansive Theorem
      Prover". In: *Theorem Proving in Higher Order Logics.* Springer, 2003, S. 171–187.
      https://doi.org/10.1007/10930755_11.
[3]   F. Baader. *Term Rewriting Systems.* 2006. url: https://lat.inf.tu-dresden.de/~baader/
      Talks/trs4.pdf (besucht am 22. 04. 2022).
[4]   H. Balzert et al. *Lehrbuch der Softwaretechnik: Basiskonzepte und Requirements Engi-
      neering.* Spektrum, 2010. ISBN: 9783827422477.
[5]   B. Becker. *(Mehrstufige) Schaltkreise.* 2002. url: https://ira.informatik.uni-freiburg.de/
      teaching/ti-1-2002-ws/Folien/Kapitel10/kapitel-10-Schaltkreise-sw.pdf (besucht am
      22. 04. 2022).
[6]   B. Becker. *(Zweistufige) Logiksynthese.* 2002. url: https://ira.informatik.uni-freiburg.
      de/teaching/ti-1-2002-ws/Folien/Kapitel08/kapitel-08-01-PLAs-und-zweistufige-
      Logiksynthese-sw.pdf (besucht am 22. 04. 2022).
[7]   B. Becker. *Algorithmus zur Berechnung eines Minimalpolynoms.* 2002. url: https://
      ira.informatik.uni-freiburg.de/teaching/ti-1-2002-ws/Folien/Kapitel08/kapitel-08-
      03-Algorithmus-zur-Berechnung-eines-Minimalpolynoms.pdf (besucht am 22. 04.
      2022).
[8]   J. Bell und B. Stevens. „A survey of known results and research areas for n-queens".
      In: *Discrete Mathematics* 309 (2009), S. 1–31. https://doi.org/10.1016/j.disc.2007.12.
      043.
[9]   J. Berman. *Data Simplification: Taming Information With Open Source Tools.* Elsevier,
      2016. ISBN: 978-0-12-803781-2.
[10] V. Bertacco. *Scalable Hardware Verification with Symbolic Simulation.* Springer, 2006.
      ISBN: 978-0-387-29906-8.
[11] B. Bollig und I. Wegener. „Improving the variable ordering of OBDDs is NP-complete".
      In: *IEEE Transactions on Computers* 45.9 (1996), S. 993–1002. https://doi.org/10.
      1109/12.537122.
[12] K. Brace, R. Rudell und R. Bryant. „Efficient Implementation of a BDD Package". In:
      Proceedings of the 27th ACM/IEEE Design Automation Conference. ACM, 1990, S.
      40-45. https://doi.org/10.1145/123186.123222.

© Der/die Herausgeber bzw. der/die Autor(en), exklusiv lizenziert an Springer   159
Fachmedien Wiesbaden GmbH, ein Teil von Springer Nature 2023
R. Krauss, *Speichereffizienter Aufbau von binären Entscheidungsdiagrammen,*
BestMasters, https://doi.org/10.1007/978-3-658-43121-1

[13] R. Brayton und A. Mishchenko. „ABC: An Academic Industrial-Strength Verification Tool". In: *Computer Aided Verification*. Springer, 2010, S. 24-40. https://doi.org/10. 1007/978-3-642-14295-6_5.

[14] R. Brayton et al. „VIS : A System for Verification and Synthesis". In: *International Conference on Computer Aided Verification*. 1996.

[15] F. Brglez, D. Bryan und K. Kozminski. „Combinational profiles of sequential benchmark circuits". In: *IEEE International Symposium on Circuits and Systems (ISCAS)*. IEEE, 1989, S. 1929–1934. https://doi.org/10.1109/ISCAS.1989.100747.

[16] J. Bruck. *CNS Overview*. 2006. url: http://paradise.caltech.edu/CNS188/lec6-012506. pdf (besucht am 22. 04. 2022).

[17] R. Bryant. „Graph-Based Algorithms for Boolean Function Manipulation". In: *IEEE Transactions on Computers* 35.8 (1986), S. 677–691. https://doi.org/10.1109/TC.1986. 1676819.

[18] R. Bryant. „On the complexity of VLSI implementations and graph representations of Boolean functions with application to integer multiplication". In: *IEEE Transactions on Computers* 40.2 (1991), S. 205–213. https://doi.org/10.1109/12.73590.

[19] R. Bryant. „Binary Decision Diagrams". In: *Handbook of Model Checking*. Springer, 2018, S. 191–217. ISBN: 978-3-319-10574-1.

[20] R. Bryant und Y. Chen. „Verification of Arithmetic Circuits with Binary Moment Diagrams". In: *32nd Design Automation Conference* (1995), S. 535–541. https://doi. org/10.1109/DAC.1995.250005.

[21] C. Camarão, M. Galvão und N. Vieira. „SAT and planning: An overview". In: *Intelligent Systems in Operations: Methods, Models and Applications in the Supply Chain (2010)*. https://doi.org/10.4018/978-1-61520-605-6.ch002.

[22] A. Canteaut und M. Videau. „Symmetric Boolean Functions". In: *IEEE Transactions on Information Theory* 51.8 (2005), S. 2791–2811. https://doi.org/10.1109/TIT.2005. 851743.

[23] G. Cho. *Logic Synthesis From PLA Descriptions Using AutoLogicII*. 1999. url: https:// www.engr.colostate.edu/ECE571/class_materials/Mentor/Split/node32.html (besucht am 22. 04. 2022).

[24] M. Ciesielski, D. Pradhan und A. Jabir. „Decision diagrams for verification". In: *Practical Design Verification* (2009). https://doi.org/10.1017/CBO9780511626913.007.

[25] A. Cobham. „The recognition problem for the set of perfect squares". In: *7th Annual Symposium on Switching and Automata Theory*. IEEE, 1966, S. 78–87. https://doi.org/ 10.1109/SWAT.1966.30.

[26] T. Cormen et al. *Introduction to Algorithms*. MIT Press, 2009. ISBN: 9780262033848.

[27] E. Corwin und A. Logar. „Sorting in Linear Time – Variations on the Bucket Sort". In: *Journal of Computing Sciences in Colleges* 20.1 (2004), S. 717–728.

[28] Y. Crama und P. Hammer. *Boolean Functions: Theory, Algorithms, and Applications*. Cambridge University Press, 2011. ISBN: 978-0-521-84751-3.

[29] M. Daňková. „Representation of logic formulas by normal forms". In: *Kybernetika* 38 (2002), S. 717–728.

[30] D. Delling et al. „Engineering Route Planning Algorithms". In: *Algorithmics of Large and Complex Networks*. Springer, 2009, S. 117–139. ISBN: 978-3-642-02094-0.

[31] N. Deo. *Graph Theory with Applications to Engineering and Computer Science*. Dover Publications, 2017. ISBN: 9780486820811.

[32] J. Deschamps, E. Valderrama und L. Teres. *Digital Systems*. Springer, 2017. ISBN: 978-3-319-41197-2.

[33] M. Dey und A. Bagchi. „Satisfiability Methods for Colouring Graphs". In: *Computer Science & Information Technology* 3 (2013), S. 135–147. https://doi.org/10.5121/csit.2013.3213.

[34] T. van Dijk et al. „A Comparative Study of BDD Packages for Probabilistic Symbolic Model Checking". In: *Proceedings of the First International Symposium on Dependable Software Engineering*. 2015, S. 35–51. https://doi.org/10.1007/978-3-319-25942-0_3.

[35] R. Drechsler. „PolyAdd: Polynomial Formal Verification of Adder Circuits". In: *24th International Symposium on Design and Diagnostics of Electronic Circuits and Systems (DDECS)*. IEEE Computer Society, 2021, S. 99–104. https://doi.org/10.1109/DDECS52668.2021.9417052.

[36] R. Drechsler. *Polynomial Circuit Verification using BDDs*. 2021. arXiv: 2104.03024 [cs.AR].

[37] R. Drechsler, J. Shi und G. Fey. „MuTaTe: An efficient design for testability technique for multiplexor based circuits". In: *Proceedings of the 13th ACM Great Lakes Symposium on VLSI*. ACM, 2003, S. 80–83. https://doi.org/10.1145/764808.764830.

[38] S. Eggersglüß und R. Drechsler. „Circuits and Testing". In: *High Quality Test Pattern Generation and Boolean Satisfiability*. Springer, 2012, S. 11–40. ISBN: 978-1-4419-9976-4.

[39] M. Ferdjallah. „VHDL Design Concepts". In: *Introduction to Digital Systems*. Wiley, 2011, S. 46–67. ISBN: 9780470900550.

[40] C. Fern und M. Suaidi. „Simplification of Boolean function based on simplification rules". In: *Student Conference on Research and Development*. 2002, S. 87–89. https://doi.org/10.1109/SCORED.2002.1033063.

[41] P. Fiser und J. Schmidt. *A Comprehensive Set of Logic Synthesis and Optimization Examples*. 2016. url: https://users.fit.cvut.cz/~fiserp/papers/iwsbp16_Fiser.pdf (besucht am 22. 04. 2022).

[42] S. Fortune, J. Hopcroft und E. Schmidt. „The Complexity of Equivalence and Containment for Free Single Variable Program Schemes". In: *Proceedings of the Fifth Colloquium on Automata, Languages and Programming*. Springer, 1978, S. 227–240.

[43] S. Friedman und K. Supowit. „Finding the optimal variable ordering for binary decision diagrams". In: *IEEE Transactions on Computers* 39.5 (1990), S. 710–713. https://doi.org/10.1109/12.53586.

[44] M. Fujita, P. McGeer und J. Yang. „Multi-Terminal Binary Decision Diagrams: An Efficient Data Structure for Matrix Representation". In: *Formal Methods in System Design* 10 (1997), S. 149–169. https://doi.org/10.1023/A:1008647823331.

[45] A. Garge und S. Shirali. „Triangular numbers". In: *Resonance* 17.7 (2012), S. 672–681. https://doi.org/10.1007/s12045-012-0074-z.

[46] J. Gergov und C. Meinel. „On the Complexity of Analysis and Manipulation of Boolean Functions in Terms of Decision Graphs". In: *Information Processing Letters* 50.6 (1994), S. 317–322. https://doi.org/10.1016/0020-0190(94)00048-4.

[47] E. Goldberg und Y. Novikov. *On Complexity of Equivalence Checking*. 2003.

162 tio

[48] D. Gorodecky. „Reed-Muller Representation in Arithmetic Operations". In: *14th International Workshop on Applications of the Reed-Muller Expansion in Circuit Design.* 2019.

[49] I. Grattan-Guinness. „George Boole, An investigation of the laws of thought on which are founded the mathematical theory of logic and probabilities". In: *Landmark Writings in Western Mathematics 1640-1940.* Elsevier Science, 2005, S. 470–479. ISBN: 978-0-444-50871-3.

[50] C. Gröpl, H. Prömel und A. Srivastav. „Ordered binary decision diagrams and the Shannon effect". In: *Discrete Applied Mathematics* 142.1 (2004), S. 67–85. https://doi.org/10.1016/j.dam.2003.02.003.

[51] J. Gu et al. „Algorithms for the Satisfiability (SAT) Problem: A Survey". In: *DIMACS Series in Discrete Mathematics and Theoretical Computer Science* (1996), S. 19–152.

[52] W. Günther. *Binary Decision Diagrams.* 2002. url: https://ira.informatik.uni-freiburg.de/teaching/verif- 2002/Folien/2bdd.pdf (besucht am 22. 04. 2022).

[53] G. Gupta. *What is Birthday attack??* 2015.

[54] G. Hachtel und F. Somenzi. „Technology Mapping". In: *Logic Synthesis and Verification Algorithms.* Springer, 1996, S. 505–521. ISBN: 978-0-306-47592-4.

[55] J. Hayes. *ISCAS Models.* 1999. url: http://web.eecs.umich.edu/~jhayes/iscas.restore (besucht am 22. 04. 2022).

[56] A. Hett. *Binäre Expression-Diagramme.* 2002.

[57] M. Heule, M. Järvisalo und M. Suda. „SAT Competition". In: *Journal on Satisfiability, Boolean Modeling and Computation* 11 (2019), S. 133–154. https://doi.org/10.3233/SAT190120.

[58] D. Hill und A. Kahng. „RTL to GDSII-From Foilware to Standard Practice". In: *IEEE Design & Test* 21.1 (2004), S. 9–12. https://doi.org/10.1109/MDT.2004.1261845.

[59] E. Hirsch et al. *Report on the Mixed Boolean-Algebraic Solver* 1. 2005.

[60] H. Hoos und T. Stützle. „SATLIB: An online resource for research on SAT". In: *SAT 2000* (2000), S. 283–292.

[61] K. Hosaka et al. „Size of ordered binary decision diagrams representing threshold functions". In: *Theoretical Computer Science* 180.1 (1997), S. 47–60. https://doi.org/10.1016/S0304-3975(97)83807-8.

[62] E. Huntington. „Boolean Algebra. A Correction". In: *Transactions of the American Mathematical Society* 35 (1933), S. 557.

[63] G. Janssen. „Design of a Pointerless BDD Package". In: *International Workshop on Logic and Synthesis.* 2001, S. 310–315.

[64] G. Janssen. „A consumer report on BDD packages". In: *Proceedings of the 16th Symposium on Integrated Circuits and Systems Design.* IEEE Computer Society, 2003, S. 217–222. https://doi.org/10.1109/SBCCI.2003.1232832.

[65] C. Jiang et al. „Variable Reordering in Binary Decision Diagrams". In: *26th International Workshop on Logic and Synthesis* (2018). url: https://par.nsf.gov/biblio/10051062

[66] R. Jones und R. Lins. *Garbage Collection: Algorithms for Automatic Dynamic Memory Management.* Wiley, 1996. ISBN: 978-0-471-94148-4.

[67] F. Kesel. *FPGA Hardware-Entwurf: Schaltungs- und System-Design mit VHDL und C/C++.* De Gruyter, 2018. ISBN: 978-3-11-053142-8.

[68] R. Keyes. „The Impact of Moore's Law". In: *IEEE Solid-State Circuits Society Newsletter* 11.3 (2006), S. 25–27. https://doi.org/10.1109/NSSC.2006.4785857.

[69] D. Kleitman und G. Markowsky. „On Dedekind's Problem: The Number of Isotone Boolean Functions. II". In: *Transactions of the American Mathematical Society* 213 (1975), S. 373–390. https://doi.org/10.2307/1998052.

[70] B. Koyada et al. „A comparative study on adders". In: *International Conference on Wireless Communications, Signal Processing and Networking (WiSPNET)*. IEEE, 2017, S. 2226–2230. https://doi.org/10.1109/WiSPNET.2017.8300155.

[71] K. Kriegel. *Asymptotische Schranken und die O-Notation.* 2010. url: http://inf.fu-berlin.de/lehre/SS10/infb/o-notation.pdf (besucht am 22. 04. 2022).

[72] M. Kubica, A. Opara und D. Kania. „Logic Synthesis for FPGAs Based on Cutting of BDD". In: *Microprocessors and Microsystems* 52.C (2017), S. 173–187. https://doi.org/10.1016/j.micpro.2017.06.010.

[73] R. Kurzweil. *The Age of Spiritual Machines: When Computers Exceed Human Intelligence.* Penguin Publishing Group, 2000. ISBN: 9780140282023.

[74] S. Lakeou, T. Dinh und A. Negede. *Practical Design Projects Utilizing Complex Programmable Logic Devices (CPLD).* 2007.

[75] C. Lee. „Representation of switching circuits by binary-decision programs". In: *Bell System Technical Journal* 38.4 (1959), S. 985–999. https://doi.org/10.1002/j.1538-7305.1959.tb01585.x.

[76] V. Lum, P. Yuen und M. Dodd. „Key-to-address transform techniques: a fundamental performance study on large existing formatted files". In: *Communications of the ACM* 14.4 (1971), S. 228–239. https://doi.org/10.1145/362575.362578.

[77] W. Luo und G. Heileman. „Comparison of Different Open Addressing Hashing Algorithms". In: *International Conference on Computers and Their Applications.* 2003, S. 1–4.

[78] T. Mailund. „Collision Resolution, Load Factor, and Performance". In: *The Joys of Hashing. Springer,* 2019, S. 21–47. ISBN: 978-1-4842-4065-6.

[79] T. Mailund. „Reference Counting Garbage Collection". In: *Pointers in C Programming. Springer,* 2021, S. 477–508. ISBN: 978-1-4842-6927-5.

[80] A. El-Maleh. *FILE FORMATS FOR SIS PACKAGE.* 2009. url: https://faculty.kfupm.edu.sa/COE/aimane/coe561/sis_fileformats.pdf (besucht am 22. 04. 2022).

[81] R. Martin. *Clean Code: A Handbook of Agile Software Craftsmanship.* Prentice Hall, 2009. ISBN: 978-0-13-235088-4.

[82] M. McCool, J. Reinders und A. Robison. *Structured Parallel Programming: Patterns for Efficient Computation.* Morgan Kaufmann Publishers, 2012. ISBN: 9780123914439.

[83] P. McGeer et al. „Espresso-Signature: A New Exact Minimizer for Logic Functions". In: *Proceedings of the 30th International Design Automation Conference.* ACM, 1993, S. 618–624. https://doi.org/10.1145/157485.165069.

[84] C. Meinel und T. Theobald. *Algorithms and Data Structures in VLSI Design.* Springer, 2012. ISBN: 978-3-642-58940-9.

[85] Z. Meng und S. Zhang. „Buddy Algorithm Optimization in Linux Memory Management". In: *Applied Mechanics and Materials* 423-426 (2013), S. 2746–2750. https://doi.org/10.4028/www.scientific.net/AMM.423-426.2746.

[86] G. Moore. „Cramming more components onto integrated circuits". In: *IEEE Solid-State Circuits Society Newsletter* 11.3 (2006), S. 33–35. https://doi.org/10.1109/N-SSC.2006.4785860.

[87]   P. Mutzel. *Hashing*. 2009. url: http://ls11-www.cs.tu-dortmund.de/people/beume/
        dap2-09/folien/15-Hashing.pdf (besucht am 22. 04. 2022).
[88]   J. Nielsen. *BuDDy: A BDD package*. 1996. url: http://buddy.sourceforge.net/manual
        (besucht am 22. 04. 2022).
[89]   J. Nievergelt. *Complexity: P & NP*. 2004. url: http://www.jn.inf.ethz.ch/education/
        script/chapter7.pdf (besucht am 22. 04. 2022).
[90]   B. Patil, R. Henry und P. Amit. „Compact CPLD Board for Prototyping Digital & Robo-
        tics Applications". In: *International Journal of Computer Applications* 1.4 (2010), S.
        46–48.
[91]   I. Rivin, I. Vardi und P. Zimmermann. „The n-Queens Problem". In: *American Mathe-
        matical Monthly* 101.7 (1994), S. 629–639. https://doi.org/10.1080/00029890.1994.
        11997004.
[92]   R. Rudell. *Multiple-Valued Logic Minimization for PLA Synthesis*. Techn. Ber. UC
        Berkeley, 1986.
[93]   R. Rudell. „Dynamic variable ordering for ordered binary decision diagrams". In:
        Proceedings of International Conference on Computer Aided Design (ICCAD). IEEE,
        1993, S. 42–47. https://doi.org/10.1109/ICCAD.1993.580029.
[94]   B. Sahely. *The Atoms of Space*. 2011.
[95]   V. Sarcar. *Design Patterns in C#*. Apress, 2020. ISBN: 978-1-4842-6061-6.
[96]   G. Savaton, J. Delatour und K. Courtel. „Roll your own hardware description lan-
        guage". In: *OOPSLA & GPCE Workshop Best Practices for Model Driven Software
        Development*. 2004.
[97]   J. Seiffertt. „Boolean Algebra". In: *Digital Logic for Computing*. Springer, 2017, S.
        11–24. ISBN: 978-3-319-56837-9.
[98]   E. Sentovich et al. *SIS: A System for Sequential Circuit Synthesis*. 1998.
[99]   C. Shannon. „A symbolic analysis of relay and switching circuits". In: *Transactions of
        the American Institute of Electrical Engineers* 57.12 (1938), S. 713–723. https://doi.
        org/10.1109/T-AIEE.1938.5057767.
[100]   C. Shannon. „The synthesis of two-terminal switching circuits". In: *The Bell System
        Technical Journal* 28.1 (1949), S. 59–98. https://doi.org/10.1002/j.1538-7305.1949.
        tb03624.x.
[101]   D. Sieling. „The Nonapproximability of OBDD Minimization". In: *Information and
        Computation* 172.2 (2002), S. 103-138. https://doi.org/10.1006/inco.2001.3076.
[102]   D. Sieling. *Binary Decision Diagrams*. 2007.
[103]   M. Soeken et al. *The EPFL Logic Synthesis Libraries*. 2018. arXiv: 1805.05121
        [cs.LO].
[104]   F. Somenzi. CUDD: *CU Decision Diagram Package*. 1995. url: http://web.mit.edu/
        sage/export/tmp/y/usr/share/doc/polybori/cudd (besucht am 22. 04. 2022).
[105]   N. Sörensson und N. Een. „Minisat v1.13 – A SAT Solver with Conflict-Clause Mini-
        mization". In: *International Conference on Theory and Applications of Satisfiability
        Testing*. 2005.
[106]   O. Spaniol. *Das Überdeckungsproblem*. 2003. url: http://www.nets.rwth-aachen.de/
        content/teaching/lectures/sub/rs/rsSS03/slides/04.pdf (besucht am 22. 04. 2022).
[107]   S. Stankovic, J. Astola und R. Stankovic. „Remarks on Applications of Shapes of
        Decision Diagrams in Classification of Multiple-Valued Logic Functions". In: *Pro-

ceedings of The International Symposium on Multiple-Valued Logic. IEEE, 2013, S. 84–89. https://doi.org/10.1109/ISMVL.2013.49.

[108] B. Steinbach und C. Posthoff. „An Extended Theory of Boolean Normal Forms". In: *Proceedings of the 6th Annual Hawaii International Conference on Statistics, Mathematics and Related Fields.* 2007, S. 1124–1139.

[109] R. Stephens. *Hash Tables.* 2019.

[110] A. Subero. „Linear and Binary Search". In: *Codeless Data Structures and Algorithms.* Apress, 2020, S. 63–69. ISBN: 978-1-4842-5724-1.

[111] N. Tam. „Digital equivalence of biological neural AND-gate, OR-gate and MIN-gate". In: *International Journal of Computer and Information Technology* 2.5 (2013), S. 822–827.

[112] M. Theobald, S. Nowick und T.Wu. „Espresso-HF: A Heuristic Hazard-Free Minimizer for Two-Level Logic". In: *Proceedings of the 33rd Annual Design Automation Conference.* ACM, 1996, S. 71–76. https://doi.org/10.1145/240518.240533.

[113] L. Thompson. *Agatha Christie: An English Mystery.* Hachette UK, 2013. ISBN: 9780755365623.

[114] T. Thormählen. *Karnaugh-Veitch-Diagramme.* 2021. url: https://www.mathematik. uni-marburg.de/~thormae/lectures/ti1/ti_5_2_ger_web.html (besucht am 22. 04. 2022).

[115] C. Tovey. „A simplified NP-complete satisfiability problem". In: *Discrete Applied Mathematics* 8.1 (1984), S. 85–89. https://doi.org/10.1016/0166-218X(84)90081-7.

[116] C. Umans, T. Villa und A. Sangiovanni-Vincentelli. „Complexity of two-level logic minimization". In: *IEEE Transactions on Computer-Aided Design of Integrated Circuits and Systems* 25.7 (2006), S. 1230–1246. https://doi.org/10.1109/TCAD.2005. 855944.

[117] A. Vahidi. *JDD, a pure Java BDD and Z-BDD library.* 2003.

[118] L. Vandeventer und J. Santucci. „Using binary decision diagrams to speed up the test pattern generation of behavioural circuit descriptions written in hardware description languages". In: *Proceedings of IEEE International Symposium on Circuits and Systems.* IEEE, 1994, S. 279-282. https://doi.org/10.1109/ISCAS.1994.408809.

[119] I. Wegener. *Branching Programs and Binary Decision Diagrams: Theory and Applications.* Society for Industrial und Applied Mathematics, 2000. ISBN: 9780898719789.

[120] B. Yang et al. „A Performance Study of BDD-Based Model Checking". In: *Formal Methods in Computer-Aided Design.* Springer, 1998, S. 255–289. https://doi.org/10. 1007/3-540-49519-3_18.

Printed in the United States
by Baker & Taylor Publisher Services